예수의 노래를 부르다

SINGING THE SONGS OF JESUS

예수의 노래를 부르다

SINGING THE SONGS OF JESUS

마이클 레페브레 지음
박재원·양남식 옮김

다시 만나는 시편찬송
REVISITING THE PSALMS

젠틀레인

추천사

　　마이클 레페브레 목사는 '예배 전쟁'에 대한 새로운 관점을 제안합니다. 그의 주장은 교회의 예배 속에서 찬양이 약화된 이유가 최근 열풍을 끌고 있는 현대적인 기독교 노래들의 출현과 더불어 18세기에 등장한 찬송가 때문이라는 겁니다. 18세기의 찬송가에 대한 저자의 아쉬움은 찬양 주제의 다양성이 좁아지며 모든 감정의 표출을 상실했다는 점입니다. 가령, 저주의 시편 속에 담겨있는 불순종에 대한 저주들과 같은 특정 주제들이 결핍되었기 때문입니다. 저자는 시편이 다시 한번 소개되어 교회 안에 영적인 유익이 전달되기를 바라고 있습니다.

　그저 하나님에 대해서 노래를 하는 대신, 하나님이 드러나시는 넓고 깊은 주제들 속에서 하나님이 정하신 언어로 하나님께 찬양한다면 우리의 예배는 더욱 풍성해질 것입니다. 저는 '예수의 찬송을 부르다'가 읽을 가치가 있다고 생각합니다. 시편이 주는 입체적인 풍성함으로 인해 시편찬송은 우리가 충분히 노력할 가치가 있습니다. 이 책은 교회들에 그 배움의 필요를 입증할 겁니다. 저는 이 책을 여러분 자신의 영적 묵상과 우리들의 교회 예배를 위해 강력히 추천합니다.

존 한나John D. Hannah
달라스 신학교 교회사 석좌교수

시편은 영적 심박동 기록기로 알려져 왔습니다. 시편은 우리의 영적 상태를 세밀하게 반영합니다. 저의 가정에서도 시편을 더 부르면 부를수록 저희는 영적으로 더욱 강건해짐을 경험합니다. 성경에서 유일하게 시편은 우리에게 말하고 있을 뿐 아니라 우리를 위해 말하고 있습니다. 시편은 우리가 천상의 하나님과 신자 서로에게 전달할 수 있는 하나님이 주신 말씀입니다. 마이클 레페브레 목사님의 책은 학술적이면서도 읽기 쉽게 쓰였으며, 우리가 시편을 다시 부르도록 장려합니다.

조나단 플레처Jonathan Fletcher
런던 윔블던 임마누엘 교회 목사

이번 책에서, 마이클 레페브레 목사는 시편찬송이 교회의 예배와 신자의 삶 속에서 갖는 필수적인 역할을 지혜롭게 펼쳐내며 교회에 유익을 전달하고 있습니다. 저자는 이 주제를 종종 가리게 만드는 통렬하고 열띤 주장들을 피하고, 대신 너무나 괄시되어온 이 주제에 목회적인 입장에서 빛을 비춥니다. 이 책을 읽는 모든 독자는 교양되고, 배우며, 복을 받을 것입니다.

안토니 셀바지오Anthony Selvaggio
로체스터 개혁 장로교회 교육 장로

'예수의 노래를 부르다'는 교회가 지난 오랜 시간 속에서 무시한, 생기가 넘치는 묵상 자료인 예수님의 찬송가를 우리에게 강력히 상기시켜 줍니다. 여러분이 비록 시편이 교회에서 불려야 할 유일한 찬송가라고 믿지 않는다 할지라도, 우리는 하나님이 우리에게 주신 거룩하게 영감 받은 이 찬송가를 결코 무시할 수 없습니다.

도날드 스위팅Donald W. Sweeting
전 개혁 신학교 총장

이 책은 예배에서의 시편찬송을 거부하고 무시하는 사람들이 이 주제를 재고하도록 돕는 목적을 놀랍게 성취하였습니다. 이 책의 핵심 논지(시편은 하나님과 그의 메시야 그리고 그의 백성 사이의 찬양의 대화로 구성되어 있다는 점)는 새 언약의 찬송가로서 시편의 중요성을 밝히는 데 도움을 줍니다. 시편이 의미하는 바를 드러낼 뿐 아니라 더 많은 조명이 필요한 저주의 시편들의 의미를 설명합니다. 비록 여러분이 지금까지는 시편을 불러본 적이 없더라도, 시편찬송의 성경적이고 역사적인 이유를 알기 원하고 보다 핵심적으로는 여러분이 부르려는 이 시편을 이해하는 데 필요한 키(key)를 움켜쥐고 싶다면 이 책을 꼭 읽어야 합니다.

케네스 스튜워트Kenneth Stewart
스코틀랜드 글라스고 개혁장로교회 목사

시작하는 글
- 시편을 부르는 이가 드리는 시편찬송 소개의 글 -

교회에서 성장한 저는 구약 시대 이스라엘 백성들이 시편을 불렀다는 사실을 유년기에 배웠습니다. 현대의 교회들 중에서 여전히 시편을 부르는 교회를 그 시절에는 한 번도 볼 수 없었습니다. 제가 청소년이 되고 교회 찬양대에 합류하면서 '이날은'(시편 118:24 인용)이나 '감사함으로 그 문에 들어가며'(시편 100:4 인용) 정도의 시편찬송을 배웠습니다. 그런데도 저는 여전히 고대 이스라엘만이 시편을 불렀고, 우리는 그 책을 단지 읽기만 한다는 생각을 하고 자랐습니다.

시간이 흘러 청년이 된 저는 시편 150편 전체를 부르는 교회에 출석하게 되었습니다. 처음부터 시편찬송에 반한 건 아닙니다. 시편을 부르는 게 어색하게만 보였습니다. 구슬프고 신음에 젖은 노래였습니다. 혼란과 저주, 희생과 성전 예식들만 이야기하는 듯 들렸습니다. 솔직히 말해서, 시편은 이해하기에도 어려웠습니다. 물론, 시편이 성경 속에 있기에 이 시들을 부르는 이들을 비판할 건 없습니다. 그럼에도, 저는 여전히 '내 주는 강한 성이요' 같은 찬송이 교회 음악으로 더 적합하다고 믿었습니다.

지금도 저는 마틴 루터나 찰스 웨슬리, 그리고 다른 위대한 찬송 작곡가들의 노래들을 즐깁니다. 그러나, 시편찬송에 대한 제 사랑은 점점 더 커졌습니다. 시편찬송이 불편했던 처음 시기는 시편 자체가 이상해서가 아님을 깨달았습니다. 문제는 제게 있었습니다. 저는 시편이 무엇인지 배운 적이 없었습니다. 시편이 어떻게 사용되어야 하는지, 시편을 부르면서 무엇을 기대해야 하는지에 대해서도 배우지 못했습니다. 시편을 부르는 다른 교인들의 가르침과 성경 안에서 드러나는 찬양의 패턴들을 공부하면서 저는 시편찬송의 원리들을 발견하기에 이르렀습니다. 그리고 그 내용을 이제 이 책 안에서 여러분에게 전달하려 합니다.

이 책은 시편찬송에 대해 궁금해하시는 분들에게 쓰였습니다. 시편을 어떻게 공부해야 하는지를 알려주는 책은 아닙니다. 공적 예배와 개인 경건 시간에서 어떻게 시편들을 사용해야 하는지에 대한 책입니다. 시편을 어떻게 공부해야 하는지를 원하시는 분을 위해서라면 다른 여러 책을 통해 도움받으실 수 있으실 겁니다. 제가 생각하는 이 책의 목적은 시편을 그리스도인의 찬송곡으로서 어떻게 사용할 수 있는지 설명하는 겁니다.

시편은 교회의 가장 기본적인 찬송가였습니다. 과거 수 세기에 걸쳐, 시편찬송은 기독교 예배에서 표준이었으며, 다른 찬송들이 예외였습니다. 이러한 역사적 사실은 우리가 그저 슬기롭게 지나쳐야 할 옛 종교의 이상하고 특이한 부분인가요? 아니면 시편찬송의 역사적 신앙에 있어 오늘날 우리가 배울 수 있는 무언가가 있을까요?

저는 오늘날의 교회가 시편을 부르지 않고 단지 읽는 용도로만 사용하면서 무언가 놓치고 있다고 생각합니다. 현대의 그리스도인들은 역사적인 실천이었던 예배의 시편찬송을 재발견하며 더욱 풍요로워질 수 있습니다. 아이작 와트(Isaac Watts), P. P. 블리스(P. P. Bliss), 그리고 다른 찬양 작곡가들의 노래와 찬송들은 교회의 경건한 삶에 커다란 공헌을 했습니다. 이러한 노래들과 성경의 시편 사이의 차이점은 단순히 무엇이 더 오래된 찬송가인가의 문제가 아닙니다. 어느 노래가 더 명확한지에 대한 문제도 아니고요(물론, 시편은 종종 이해하기가 매우 어렵습니다). 시편은 그리스도인들의 다른 찬송들과 질적으로 다릅니다. 이 책에서는 적어도 두 가지의 핵심 이유를 설명할 것입니다.

1492년, 크리스토퍼 콜럼버스(Christopher Columbus)가 신대륙에 첫발을 내디디며 신세계 전체에 대한 구체적인 지도를 얻었다고 가정해 봅시다. 그렇지만, 콜럼버스는 이 복잡한 가죽 지도를 원주민들의 예술 작품 중 하나라고 간주하고 그저 감탄하며 그의 선실 한 벽면에 이 지도를 걸어놓은 겁니다. 그 사이 콜럼버스와 그의 동료들은 그들의 단순한 지도가 위대한 발견이 될 것을 기대하며 작은 해안가의 이곳저곳을 스케치합니다. 하지만 사실은 이미 준비된 아름다운 지도가 선실 한 벽면에 걸려 있다는 겁니다. 다만 그들이 그 사실을 결코 인식하지 못할 뿐입니다.

시편에 대한 현대 교회의 태도 역시 콜럼버스와 그의 지도에 대한 공상 이야기와 비슷합니다. 기독교 음악가들은 예수님에 대한 우리의 경험이나 우리의 삶에서 행하시는 그분의 사역을 묘사하는 노래들을 창작합니다. 이러한 작사, 작곡은 그리스도인의 경건을 위한 훌륭한 훈련이 됩니다. 그러나, 하나님께서 우리에게 주시고, 풍성하고 거룩하게 만들어진 (시편) 찬송가의 가치를 보는 데 실패하는 건 커다란 비극이 아닐 수 없습니다. 단지 오래전 다른 이들에게 준 노래로 그저 감탄만 할 찬송가가 아닌 하나님께서 그의 교회로 하여금 계속해서 사용하라고 주신 찬송가입니다.

이 책을 통해 저는 21세기의 그리스도인들이 시편찬송의 가치를 재발견하는 데 도움을 주고 싶은 소망을 품고 있습니다. 궁극적으로, 찬송에 있어서 시편을 어떻게 사용하는지 배우는 것은 자전거 타는 법을 배우는 것과 비슷합니다. 이 배움을 위한 최고의 방법은 일어나서 실제로 해보는 겁니다. 그리고 계속해서 연습하는 겁니다. 여러분이 이 찬송의 소중한 자태를 느낄 때까지 말이죠. 저는 각 챕터의 마지막 페이지를 독자들이 원칙에 따라 시편찬송을 실제로 실천할 수 있는데 도움이 될만한 논의 거리로 할애하였습니다. 이 책을 읽는 분들의 일부는 이미 시편을 부르고 있는 분들일 수도 있습니다. 그러한 분들에게도 더욱 사려 깊고 유익하게 시편을 부를 수 있도록 이 책이 도움 되기를 기대합니다.

여러분이 만약 일부 교회가 받아드리는 '시편 전용론'(exclusive Psalmody, 역자주: 예배 중에 시편만 부르는 논의)에 대해 알고 계신다면, 저는 이 책에서 시편 전용론에 대한 논거를 펼치지 않음을 알려드리고자 합니다. 물론 제 개인적으로는 예배 중에 시편만을 부르는 교단(RPCNA, 북미주 개혁 장로교회)에 소속되어 있고, 이러한 예배 방식에 확신을 가지고 있습니다. 그럼에도, 예배 중에 시편만을 불러야 하는지 아닌지에 대한 질문은 다른 책들에 맡기겠습니다. 그 대신, 저의 바람은 침례 교인들, 루터파 교회의 교인들, 그리고 장로교인들이나 감리교인들이 그들의 예배 중에 부르는 찬양과 성가대의 찬양에 더 많은 시편찬송들을 포함시키는 것입니다. 저는 시편찬송이란 오랜 유산을 가진 교회의 부유함을, 이에 대해 덜 알고 있는 많은 분에게 전달하고자 합니다.

우리가 오늘날의 교회에서도 예수 그리스도의 시편을 부를 때에, 오래 전 그의 제자들과 시편을 부르신 그 예수 그리스도께서 우리로 하여금 그의 임재를 계속해서 깨닫게 하시기를!

인디애나에서
마이클 레페바레

목차

♪ ♫♪ ♪

감사한 마음으로 시와 찬미와 신령한 노래로
여러분의 하나님께 마음을 다하여 찬양하십시오.

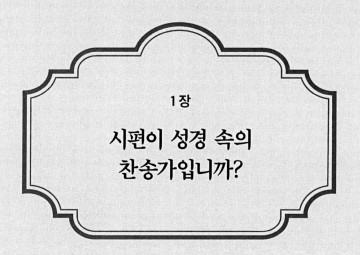

1장

시편이 성경 속의
찬송가입니까?

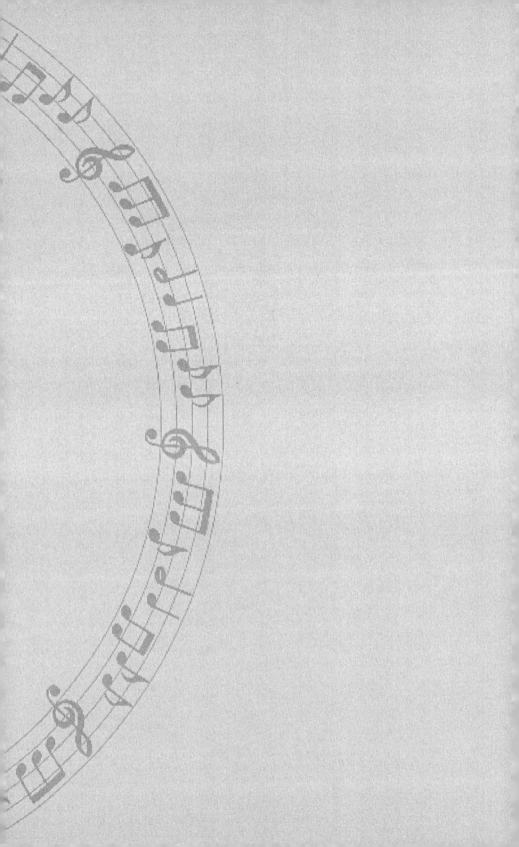

1장

시편이 성경 속의 찬송가입니까?

독일의 목사이자 신학자인 디트리히 본회퍼(Dietrich Bonhoeffer)는 시편에 대해 다음과 같은 질문을 던졌다. "사람이 하나님께 찬송했던 이 말들이 어째서 이제는 하나님으로부터 사람에게 전달된 말씀으로만 간주되는가? 즉, 예배자들이(시편찬송을 통해) 자신들의 생각을 하나님께 올리기 위한 목적으로 시편을 기록했다면, 왜 지금의 우리는(시편 읽기를 통해서만) 하나님의 생각이 우리에게 내려온다고 간주하며 시편을 연구하는가?"[1)]

하나님은 성경의 대부분을 우리에게 주시는 그분의 말씀으로 우리가 읽도록 기록하셨다. 우리는 창세기를 읽을 때, 하나님께서 각 나라들의 기원에 대해 말씀하시는 것을 듣는다. 또한, 요한복음을 읽을 때는, 하나님께서 예수님의 생애와 가르침에 대해 전하시는 말씀을 듣게 된다. 우리는 성경 66권 중 65권을 이렇게 받아들여야 한다. 하지만 시편은 다르다. 오직 시편만은 하나님께 드리는 사람의 찬송가로서 기록되었다. 물론 시편 역시 하나님의 영감으로 기록된 말씀이다(이에 대해서는 아래에서 조금 더 설명할 것이다). 그러

---

1) B. 차일즈, 《Introduction to the Old Testament》, 513쪽.

나 성경의 모든 책들 중 시편만큼은 우리가 하나님께 드릴 수 있는 우리의 말로 만들어진 특별한 선물이다.

　성경 안에는 찬송이 담긴 다른 책들이 있다. 이사야나 예레미야와 같은 선지서들의 대부분은 노래와 유사한 형식인 시로 기록되었다. 하지만 이러한 '운율적인 예언'은 하나님께서 자신의 백성에게 부르는 노래다(습 3:17 참고). 아가서 역시 노래로 가득 찬 성경의 책이다. 하지만 아가서는 하나님께 찬송하도록 기록되지는 않았다. 아가서는 이상적인 연인이 하나님의 영감을 받아 서로를 향해 부르는 사랑의 노래들을 모은 책이다. 시편을 제외한 나머지 노래들을 담고 있는 성경의 책들은 모두 하나님의 백성을 위한 책들이다. 그 책들 속에서는 하나님의 진리가 우리에게 노래한다.

　그러나 시편은 독특하다. 시편은 찬송가이다. 시편은 성경의 책들 중 유일하게 하나님이 청자이시고, 하나님의 백성들이 택함 받은 화자가 된다. 이는 시편을 구성하는 중요한 부분이며, 이 부분은 오늘날 교회에서 우리가 시편을 어떻게 사용해야 하는지에 대한 중요한 의미를 제시한다.

　시편은 하나님의 백성이 하나님께 찬송하는 책이다. 물론, 그렇다고 해서 시편이 성경의 다른 책들과는 다르게 덜 영감 받았다는 뜻은 아니다. 하나님의 영은 우리를 위하여 이 시편을 영감된 성경으로 만드셨다. 그러므로 시편은 하나님의 감동으로 된 다른 모든 성경의 책들과 마찬가지로 교훈과 책망과 바르게 함과 의로 교육하기에 유익하다(딤후 3:16). 시편은 우리에게 주시는 하나님의 말씀으로서 연구할 가치가 있고, 설교하기에 유익하다. 그렇지만 시편은 또한 하나님의 영감으로 기록된 찬송이므로 하나님께서는 또 다른 목적을 위해 우리에게 이 시편을 주셨다. 하나님께서는 우리가 그분께 불러야 할 찬송에 대해 시편 속에서 말씀해 주신다.

　시편이 인간에게 주시는 하나님의 말씀이자 하나님께 드리는 인간의 말이라는 시편의 이 두 가지 목적은 신약을 통해서도 알 수 있다. 고린도전서 15

장 25~27절에서 사도 바울은 예수님에 대해 다음과 같이 기록한다. "그가 모든 원수를 그 발 아래에 둘 때까지 반드시 왕 노릇 하시리니." 이 본문에서 바울은 시편 8편 6절을 그리스도에 대한 하나님의 말씀으로서 인용한다. 성경의 다른 책들과 마찬가지로, 시편은 우리에게 주시는 하나님의 영감된 말씀이다. 그러나 사도행전 4장 23~31절은 시편의 또 다른 독특한 목적을 보여준다.

이 본문에서 베드로와 요한은 예루살렘 회중이 시편 2편을 찬송하도록 이끈다. "그들이 듣고 한마음으로 하나님께 소리를 높여 이르되(혹은 찬송하되)… 어찌하여 열방이 분노하며 족속들이 허사를 경영하였는고 세상의 군왕들이 나서며 관리들이 함께 모여 주와 그의 그리스도를 대적하도다 하신 이로소이다." 예루살렘의 신자들은 불경건한 통치자들 아래서 그들이 경험하고 있던 고난을 '허사를 경영하는 군왕'들에 대해 말하는 시편 2편에 적용하며 찬송했다. 그렇게 시편 2편 말씀은 그들이 하나님께 드리는 찬송이 되었다.

성경의 다른 책들과 마찬가지로, 시편은 하나님께서 우리에게 주시는 온전한 하나님의 말씀이다. 그러나 성경의 다른 책들과는 다르게, 시편은 하나님께 되돌려드리는 우리의 찬송이 되도록 기록되었다. 그리고 신약의 교회는 계속해서 이 시편을 찬송했다. 그렇다면 본회퍼의 질문처럼, 현대 교회는 (적어도 개신교회는) 시편을 그저 하나님께서 우리에게 주시는 하나님의 말씀으로만 생각해야 하는가?

이 책을 통해 우리는 본회퍼의 질문에 대한 답을 찾아보겠다.[2] 그러나 이런 작업이 왜 중요한가? 시편찬송에서 현대 찬송으로의 전환이 언제, 어디서

---

2) 물론 우리는 간략하게 밖에 살펴볼 수 없을 것이다. 또한 이 책은 종교개혁과 개신교회의 경험 때까지의 교회사에 초점을 맞출 것이다. 개신교 뿐만 아니라 로마 가톨릭과 동방정교회까지 포함해서 교회사에서 시편찬송이 어떤 위치를 차지했는지 좀 더 자세하게 살펴보기를 원한다면 다음과 같은 서적을 참고하라. M. 패트릭, 《Story of the Church's Song》, J. 알렉산더 램, 《Psalms in Worship》, W. 홀라데이, 《Psalms through 3000 Years》.

일어났는지를 파악하는 건 그리 중요하지 않다. 시편찬송이 쇠락하게 된 날짜를 찾아보는게 역사적으로는 흥미로운 세부 정보가 될지는 모르지만, 그게 본회퍼의 질문에 대한 답을 찾는 데 중요한 정보는 아니다. 우리가 찾아야 하는 바는 "왜 시편찬송에서 현대 찬송으로 바뀌었는가"에 대한 이유이다. 교회가 시편찬송을 중단한 이유를 찾는다면, 이 풍성한 시편찬송을 회복하기 위해 우리가 다루어야 할 문제를 조금 더 잘 이해할 수 있을 것이다.

본회퍼의 질문에 대한 답을 찾기 위해, 먼저는 교회가 구약 시대와 신약 시대 동안 시편을 어떻게 사용했는지 살펴보도록 하자.

구약과 신약 성경 시대의 시편찬송

제 1성전 시대 동안 유대인들은 공적 성경 낭독과 함께 시편찬송을 불렀다. 신명기 31장 11절은 모세가 예배 안에서 선포할 목적으로 율법책을 기록했다고 밝힌다. 반면, 역대상 15~16장은 다윗이 예배 때 찬송하기 위한 목적으로 시편을 기록했다고 알려준다.[3] 역대하는 성전 예배를 다음과 같이 묘사한다. "온 회중이 경배하며 노래하는 자들은 노래하고… 히스기야 왕이 귀인들과 더불어 레위 사람을 명령하여 다윗과 선견자 아삽의 시로 여호와를 찬송하게 하매 그들이 즐거움으로 찬송하고 몸을 굽혀 예배하니라(대하 29:28~30)."

바벨론 포로 시대가 끝나고 유대인들은 제 2성전을 건축하였다. 그러면서 공적 성경 낭독과 설교가 다시 행해지게 되었다(느 8 참고). 회중의 시편찬송 또한 회복된다. "찬양으로 화답하며 여호와께 감사하여 이르되[찬송하되] 주는 지극히 선하시므로 그의 인자하심이 이스라엘에게 영원하시도다(스 3:11,

---

3) 다윗의 시편 이전에 이스라엘이 어떤 찬송을 불렀는지에 대해서는 M. 레페브레, "The Hymns of Christ: The Old Testament Formation of the New Testament Hymnal"를 참고하라.

시편 136편을 찬송)." 그리스인들과 로마인들이 팔레스타인을 정복했던 격동의
신구약 중간기에도 시편찬송은 계속해서 사용된다. 마카베오 전쟁기(기원전
167~160년)를 예로 살펴보자. 전쟁에서 승리한 후에 회중이 찬송하는 장면을
다음 구절에서 보게 된다. "돌아오며 그들은 찬송하였고 하늘에 경배한지라
그는 선하시며 그 인자하심이 영원함이로다(마카베오서 4:24 NRSV, 시편 136편
을 찬송)." 신구약 중간기 동안에도 시편찬송은 계속해서 불렸으며, 신약 시
대까지 지속된다.

　예수님의 공생애 기간에 예수님은 구약 성경을 설교하셨다(눅 24:44 참고).
예수님은 또한 하나님 아버지께 시편으로 찬송하셨다. 예를 들자면, 마가복
음 14장 26절은 예수님께서 유월절 시편(시 113-118)을 제자들과 함께 찬송하
셨다고 기록한다.[4] 십자가 위에서도 예수님은 하늘을 향해 슬피 울부짖으
시며 탄원의 시편 중 한 편을 읊조리셨다. "제 구시쯤에 예수께서 크게 소리
질러 이르시되 엘리 엘리 라마 사박다니 하시니 이는 곧 나의 하나님, 나의
하나님, 어찌하여 나를 버리셨나이까 하는 뜻이라(마 27:46, 시편 22:1을 인용)."
히브리서 기자 역시 예수님께서 시편을 찬송하셨다고 진술한다(히 2:11~12,
10:5).

　예수님의 승천 후에도 신약 교회는 계속해서 시편을 찬송했다. 우리는 사
도행전 4장이 묘사하고 있는 예배에서 시편이 어떻게 쓰였는지 이미 살펴보
았다. 마찬가지로 바울은 신약 교회에 '시편찬송'을 사용하여 경배할 것을
교훈한다(골 3:16, 엡 5:26 참고, 고전 14:26, 약 5:13도 보라).

　교회는 구약 시대, 신구약 중간기, 신약 시대에 걸쳐 계속해서 시편을 불러
왔다. 시편은 낭독되고 설교 됐을 뿐만 아니라(행 2:14~36, 히1), 성경 시대 동안
교회의 찬송가로서 기능을 했다. 본회퍼가 지적했던 것처럼, 시편이 읽기를
위주로 한 책이라는 인식의 변화는 이 기간 동안에는 일어나지 않았다.

---

4) D. 키드너, 《Psalms 73~150》, 401쪽, L. 알렌, 《WBC: Psalms 101~150》, 134쪽, J. 제레미아스,
《Eucharistic Words》, 255~261쪽.

초대 교회의 시편찬송

신약 사도들이 보였던 시편찬송의 모범은 초대 교회의 처음 수 세기의 기초를 놓았다. 찬송 역사학자인 밀라 패트릭(Millar Patrick)은 이렇게 설명한다. "시편은 자연스럽게 교회의 시작부터 교회의 찬송가가 되었다. 초대 교회의 기록들은 시편이 개인적이고 공적인 예배에서 사용되었다고 일관되게 입증한다. 일정 시점에 이르고 [새로운] 기독교 찬송들이 생겨났지만, 시편은 그 지위를 절대 잃지 않았다."5)

요한네스 크리소스토무스(Ἰωάννης ὁ Χρυσόστομος, 또는 John Chrysostom)는 4세기에 콘스탄티노플에서 사역했던 초대 교회의 위대한 설교자 중 한 명이었다. 크리소스토무스는 시편찬송에 대한 그 시대 기독교인들의 사랑을 떠올리며 이렇게 기록한다. "만약 우리가 교회에서 철야 기도를 한다면, 다윗은 시작과 중간과 끝에 있었다. 만약 새벽 기도를 한다면… 시작과 중간과 끝에는 또 다윗이 있었다. 오, 경이롭도다! 문학에 대한 배움이 더디고 문학의 기본 원리들조차 거의 익히지 못했던 많은 이들까지도 마음에 시편을 담고 있었다."6)

그러나 결국에는 새로운 찬송곡들이 만들어진다.7) 예를 들면, 익명의 시인은 누가복음 2장 14절에 기록된 천사의 노래를 기초하여 다음과 같은 초

---

5) M. 패트릭, 《Story of the Church's Song》, 14쪽.

6) J. 닐, R. 리틀데일, 《Psalms》, 1.1~2.

7) 초대 교회가 새로운 찬송가를 지었다는 사실이 시편전용론을 믿는 독자(exclusive psalmist)들을 혼란스럽게 할지도 모르겠다. 어떤 독자들은 이러한 사실을 시편전용론에 반박하는 증거로 삼을지도 모른다. 이 책에서 나는 그 논쟁에 참여하고 싶지 않다. 그렇기 때문에 나는 모든 독자들을 위해 초대 교회 때 새로운 곡들이 쓰여진 것은 사실이지만, 그 사실 조차 논쟁의 여지가 없는 것은 아니라는 정도로 말하려고 한다. 오늘날과 마찬가지로 초대 교회에서도 예배 시 시편만을 찬송해야 한다는 입장을 가진 이들이 있었다. 그와 반대로, 또 어떤 이들은 예배 시 새로운 찬송곡이 사용될 수도 있다는 입장을 견지했다. 예를 들자면 4세기에 열린 공의회들 중 한 공의회는 이 문제를 해결하려 하였으며, "개인이 지은 시편과 정경에 속하지 않은 책은 예배 시 낭독되어서는 안된다…"(라오디케아 공의회의 59번 조항)라는 결론을 내렸다. 다시 말하자면, 초대 교회가 새로운 곡을 지었다는 사실 자체가 시편전용론이 옳다는걸 입증하거나, 반대로 틀렸다는걸 입증하지는 않는다. 이 사실은 그저 이러한 논쟁이 긴 역사를 가지고 있다는 것을 보여줄 뿐이다.

대 교회의 찬송곡을 지었다.

> 지극히 높은 곳에서는 하나님께 영광이요
> 땅에서는 사람들 중에 평화와 선함이로다
> 주님을 찬송하며 주님께 복이 있도다
> 주님의 위대한 영광에 감사하노라
> 이는 주님만이 거룩하시며
> 주님만이 주님이시기 때문이로라
> 오, 예수 그리스도여
> 하나님 아버지께 영광을 아멘[8]

  하지만 새로운 곡들이 지어졌음에도 불구하고 이러한 노래들은 결코 시편찬송을 대체하지 않았다. 새로운 노래들은 그저 시편찬송을 보충할 뿐이었다. 결론적으로 초대 교회 시대에도 시편은 계속해서 기독교 예배 중에 불려졌다.

중세 예배 속의 시편찬송

  개신교의 성도들은 일반적으로 중세 시대에 대해 흐릿한 이해를 가지고 있다. 이는 불행한 일이다. 하나님께서는 로마 제국의 몰락과 종교개혁 사이의 수 세기 동안 그분의 백성 가운데서 여전히 위대한 일을 행하고 계셨다. 그럼에도 불구하고, 이 시대 동안 이루어진 종교적인 발전은 후대의 종교개혁자들에 의해 비성경적인 것으로 배척되었다.
  교황 그레고리 1세(Pope Gregory I, 540-604)는 이 시대 동안 '그레고리오 성

---

8) 러시아 동방정교회의 영어 누리집에서 인용한 번역문: http://en.liturgy.ru/nav/utrena/utren15.php
  (2008년 11월 10일 열람)

가'라고 불리는 찬송을 교회 예배에 도입하였다. 이 성가는 무척 황홀한 음악적인 양식으로 작곡되었는데, 이는 성당 예배의 초자연성을 부각해 예배의 분위기가 거룩하다는 느낌을 더욱 증진하려는 의도가 숨어있었다. 실제로 이 시기에는, 교회의 경배를 보다 거룩하게 느끼도록 전문적인 성가대가 회중을 대신해서 찬송하기 시작했다. 의도는 좋았을지 모르지만, 이는 예배에 있어 비극적인 변화를 가져다 주었다. 찬송은 회중으로부터 완전히 빼앗기고 말았다. 그런데도 시편은 그 당시에 여전히 불려졌다.

시편은 계속해서 교회 찬송의 1차 자료로써 사용되었다. 동방 정교회와 로마 가톨릭의 예배력(성무일도)은 성가대가 매주 시편 전체를 시작부터 끝까지 찬송하도록 규정하고 있다.[9]

시편은 또한 가정에서도 불렸다. 평신도는 예배 때 찬송할 수 없었지만, 가정에서는 날마다 시편을 가지고 찬송했다. 경제적 능력을 갖춘 부자들은 개인 경건을 도모하기 위해 시편을 구입하여 이를 가지고 찬송했다. 알프레드 대왕(Alfred the Great, 849-899)은 매일 시편을 찬송했으며, 그 목적을 위해 언제나 시편을 가지고 다녔다.[10] 회중 찬송이 그쳤던 시대임에도 불구하고 기독교인들이 계속해서 시편을 찬송했다는 사실은 정말로 역설적이다.

종교개혁 시대의 시편찬송

회중 찬송의 회복은 종교개혁의 위대한 업적 중 하나다. 마틴 루터(Martin Luther)는 "예배의 내용은 우리가 사랑하는 주님께서 자신의 거룩한 말씀을 통해 우리에게 말씀하신다는 것과 우리가 기도와 찬송을 통해 주님께 화답

---

9) 성무일도란 매일 정해진 시간에 하나님을 찬미하는 공적이면서도 공통적인 기도들을 말한다(옮긴이 주).
10) W. 홀라데이, 《Psalms through 3000 Years》, 177~178쪽.

한다는 것이다"[11] 라고 말했다.

　루터는 뛰어난 음악가였다. 그는 사람들에게 성경의 시편을 다시 부르도록 가르쳤다. 이 뿐만 아니라 '독일인을 위한 시편'이라는 새로운 찬송까지 만들어 불렀다. 루터의 찬송 중 가장 유명한 것은 '내 주는 강한 성이요'이다. 오늘날까지도 이 찬송은 애송되고 있다.

　존 칼빈(John Calvin)과 같은 다른 종교개혁자들도 회중 찬송에 대한 동일한 열정을 공유했다. 칼빈은 루터처럼 새로운 찬송을 짓지는 않았지만, 제네바 교회를 위해 시편을 운율에 맞춰 번역하라고 지시하는 등 회중 시편찬송을 적극적으로 장려했다. 그렇게 1562년 《제네바 시편찬송》이 완성되어 출판된다. 칼빈은 또한 제네바의 학교들에 시편찬송 과목을 개설하였다. 이렇게 함으로써 어린아이들은 교회의 공예배에서 시편을 어떻게 찬송하는지를 먼저 학습하고, (교육받지 못한) 어른들이 시편찬송을 배우는데 도움을 줄 수 있었다. 종교개혁의 영향을 받은 다른 지역의 교회들도 운율에 맞춘 시편찬송가를 출판하기 시작했다. 토마스 스턴홀드(Thomas Sternhold)와 토마스 홉킨(John Hopkins)의 《Whole Book of Psalmes》(1562년)는 잉글랜드의 개혁 교회들의 찬송가가 되었고, 《Scottish Psalter》(1564년)는 스코틀랜드 장로 교회들의 찬송가가 된다.

　칼빈의 제네바를 방문한 어떤 사람은 제네바에서 행해졌던 회중 시편찬송에 대해 다음과 같이 묘사하였다. "[회중이 모였을 때] 각 사람은 자신의 주머니에서 음표가 붙은 시편이 적힌 작은 책을 꺼냈습니다. 설교 전후에 그들은 마음을 다해 모국어로 시편을 찬송했습니다. 모든 이들은 이러한 전통이 그들에게 얼마나 큰 위로와 유익이 되었는지 제게 증언하였습니다."[12]

　시편은 여전히 하나님께서 그의 백성에게 주신 찬송으로 여겨졌다. 존

---

11) M. 패트릭, 《Story of the Church's Song》, 72쪽.
12) M. 패트릭, 《Story of the Church's Song》, 92쪽.

칼빈은 하나님께 드리는 인간의 말로 기록된 시편의 이러한 독특한 성격
을 깨달았다.

> 성경의 다른 부분들은 하나님께서 자신의 종을 명해 우리에게 선
> 포하셨던 계명을 기록하고 있다. 그러나 여기 [시편]에서는 선지자
> 들이 하나님께 말하며 자신들의 깊은 생각과 감정을 드러내 보이
> 면서 우리를 이에 [참예하도록 부른다.[13]

  종교개혁 시대에도 시편을 '하나님께 드리는 찬송'에서 '하나님께서 주시는
책'으로 보는 인식의 전환은 일어나지 않았었다. 어째서 시편이 찬송가가 아
니라 (읽기만을 위한) 책으로 간주하냐는 본회퍼의 질문에 답을 찾기 위해 우
리는 이제 종교개혁자들 이후에 도래한 시대를 살펴보도록 하겠다.

종교개혁 이후의 개신교회의 시편찬송

  하나님의 백성은 적어도 그리스도께서 오시기 10세기 전(다윗 시대)부터, 그
리스도께서 오시고 난 후에는 16~17세기(종교개혁 시대)까지 시편을 불러왔다.
시편찬송을 보충하기 위해 이 시기 동안 다른 찬송 곡들이 만들어지기는
했지만, 시편찬송을 대체하지는 않았다. 시편찬송을 대체하려는 노력의 시
작은 18세기에 일어난 현대 찬송 작곡·작사 운동으로부터 기원한다.
  이 운동의 지도자들 중 한 명은 아이작 왓츠(Isaac Watts, 1674~1748)로, 그
는 '영어 찬송의 아버지'라고 불린다. 왓츠가 이 운동의 태동을 주도하지는
않았지만, 그가 이 운동의 지도자들 중 가장 많은 찬송곡(650곡)을 남긴 건
확실하다. 또한, 그는 이 운동을 대변하는 사람 중 한 명이기도 했다. 왓츠

---

13) 칼빈, 《Psalms》, xxxvii.

는 자신의 찬송가의 서문에서 시편찬송의 문제점을 설명한다.

> 온 회중 위에 드리워진 무관심과 태만과 무심함을 본다면, 아무
> 리 너그러운 관찰자라 하더라도 그가 내적인 종교의 열정에 대
> 해 의문을 품을 여지를 주게 될 것이다… 가장 기쁘고 황홀한 경
> 지로 우리를 이끌어야 할 바로 그 (찬양) 행위가 이제는 우리의
> 열정을 식게 할 뿐만 아니라 우리의 회한을 불러일으키고, 우리
> 안에 있는 불편한 마음을 솟아나게 한다.[14]

　물론 기독교 예배에 대한 이러한 묘사는 비극적이다. 영국의 찬송 작곡가
들은 기독교인들이 예배를 드리며 그들의 마음을 다 쏟을 수 있도록 돕기
를 원했다. 이러한 소원 자체를 비난할 수는 없다. 그러나 그들의 방법은 비
난의 여지가 있다. 그들이 시편을 새로운 찬송곡으로 대체하려고 했기 때문
이다.

　왓츠가 시편찬송은 "우리의 회한을 불러일으키고, 우리 안에 있는 불편한
마음을 솟아나게 한다"라고 지적했을 때, 그는 시편 전반에 걸쳐 나타나는
심판과 탄원의 표현들을 두고 말한 것이다. 새로운 찬송을 짓기 원하는 이
들에게 이러한 (시편의) 표현들은 기독교 예배에 어울리지 않는 '기독교답지
못한' 표현들이었다. 게렛 홀더(William Garrett Horder)는 1889년에 다음과
같은 기록을 남긴다. "시편에는 유대교적인 요소와 그 당시의 감정의 표현이
다분하다. 시편에는 그리스도의 부드러운 곡조와 조화를 이룰 수 없는 저
주의 음표도 있다. 이러한 표현들은 기독교 예배에 합당하지 않기 때문에
사용되어서는 안 된다."[15]

　종교사가인 스테판 마리니(Stephen A. Marini)는 다음과 같이 설명한다.

---

14) I. 왓츠, 《Psalms of David Imitated》, xxvii~viii.
15) W. 홀더, 《Hymn Lover》, 24~25쪽.

[왓츠는] 시편이 기독교 예배를 위해 수정되어야 한다고 주장했다. 물론 그는 다윗이 의심의 여지 없이 하나님께서 선택하신 수단이었다고 믿었다. 그러나 그는 다윗의 종교적인 이해가(수 세기 이후에 오시는) 예수 그리스도를 통해 계시된 진리를 포함하지는 못했다고 주장했다. 그러므로 시편 속의 다윗을 기독교인이 된 것처럼 '수정'하거나, 1719년 출판한 운율에 맞춘 시편찬송가의 제목처럼 '신약 성경의 언어를 모방'해야 했다.[16]

왓츠가 1719년 출판한 찬송가의 전체 제목은 《신약의 언어를 모방하고 기독교 국가와 기독교 예배에 적용된 다윗의 시편》(The Psalms of David Imitated in the Language of the New Testament and Applied to the Christian State and Worship)이었다. 신약의 언어를 모방한 시편을 제작하기 위해 왓츠는 시편으로부터 경배의 주제들만 뽑아내고, 반대로 (불평이나 저주와 같이) '불편한' 요소는 빼놓았다. 그리고 선별한 경배의 주제들을 대영제국("기독교 국가")[17] 과 교회("기독교 예배")에 적용할 수 있는 새로운 시로 재창작했다.

예를 들어보자. 미국 대륙에서 최초로 출판된 책은 1640년에 발간된 《베이 시편찬송가》(Bay Psalm Book)이다(이 시기는 시편을 대체할 새로운 찬송곡을 작곡하고 싶어했던 사람들의 이전 시대이다). 베이 찬송가는 시편찬송을 위해 시편을 운율에 맞추어 신실하게 번역했다. 이 찬송가에서 시편 137편은 다음과 같

16) S. 마리니, 《Sacred Song in America》, 76쪽. 왓츠는 1707년에 출판한 찬송가집인 《Hymns and Spiritual Songs》에서 시편을 수정하는 것과 새로운 찬송곡을 추가하는 것에 대한 자신의 견해를 밝힌 글을 부록으로 실었다. 그 글의 제목은 "A Short Essay Toward the Improvement of Psalmody: Or, An Enquiry how the Psalms of David ought to be translated into Christian songs, and how lawful and necessary it is to compose other Hymns according to the clearer Revelations of the Gospel, for the Use of the Christian Church"(시편찬송의 향상을 위한 소론: 혹은 왜 기독교회에서의 사용을 위해 다윗의 시편이 기독교 찬송으로 번역되어야 하며, 더 분명한 복음의 계시를 따라 다른 찬송을 작곡하는데 얼마나 합법적이고 필요한지에 대한 질문)였다.
17) 왓츠는 시편의 주제들을 영국의 시민들과 연관 맺기 위한 지나친 열정으로 인해 자신의 시편곡들에서 메시야의 보좌와 영국의 왕좌를 동일시하는 잘못을 저지르고 말았다. 이러한 왓츠의 빗나간 열정은 결국 영국의 제국주의 신학의 기초를 놓는데 이바지하게 되었다 (J. 헐, "From Educator to Theologian," 91~106쪽).

은 생생한 저주의 표현으로 끝맺는다.

> 우리에게 행한 대로
> 네게 갚는 이는 복이 있네
> 바벨론의 딸이여 멸망하게 될 이여
> 네 어린 것을 들어 바위에 메어 쳐
> 조각내는 자에게는 복이 있도다

　이러한 표현이 우리를 난처하게 만든다는 사실을 부인할 수 없다. 심판의 말씀은 정신을 번쩍 들게 하는 말씀이어야 한다. 그러나 새로운 찬송가의 정신 아래 이러한 표현은 기독교 예배에 어울리지 않는 표현으로 간주되고 말았다. 베이 시편찬송가(Bay Psalm Book)가 출판된 지 1세기 반이 지난 후, 신약의 언어를 '모방'한 시편찬송가가 미국의 매사추세츠 주에서 발행되었다. 다음은 1801년에 매사추세츠 주에서 발행된 《다윗의 시편들》(The Psalms of David)에 실려있는 시편 137편을 기반으로 한 찬송의 가사이다.

> 예수님, 우리의 친구
> 우리의 구원자 우리의 왕
> 모든 덫과 적들로부터
> 주님은 우리를 구원하네
> 주님의 진리는 영원하고
> 시온은 땅에서 지극한 영광과
> 하늘의 밝고 환한 복을 받네[18]

　이 찬송의 작사가는 시온 산에 대한 헌신이라는 주제를 시편 137편에서

---

18) 이러한 구체적인 대조는 레버, "The Hymn Explosion," 14쪽에 의해 소개되었다. 이 찬송의 가사는 이 글에서 인용되었다.

따온 후에 그 주제를 바탕으로 새로운 찬송을 만들었다. 시편의 번역이라고 보기에는 무리가 있는 이러한 '모방곡'들은 본질적으로 볼 때(시편을 대체할 목적으로 만든) 새로운 찬송곡과 그리 다를 바 없었다. (시편을 대체할 목적으로 만든) 다른 새로운 찬송곡들 역시 18~19세기에 광범위하게 퍼져갔으며, 19세기에 패니 크로스비(FannyJane Crosby), P. P. 블리스(Philip P. Bliss), 아이라 생키(Ira Sankey) 등과 같은 미국의 찬송 작곡·작사가들에 의해 꽃 피우게 된다. 19세기 말이 되면서 시편찬송은 그 빛을 점점 잃어버리게 되었으며, 20세기 중반에 들어서는 대부분 사람이 들어보지 못한 찬송이 되어버린다.

현대 시대의 찬송 작곡가들의 의도를 무시하거나 그들이 만들어낸 종교적인 찬송시의 가치를 깎아 내릴 필요는 없다. 그러나 교회가 시편찬송에 대한 대체물로 이렇게 새로운 찬송을 도입한 게 과연 옳은 일이었는지에 대해서는 질문 할 필요가 있다. 시편의 어떤 요소들이 '기독교 예배에 합당'하지 않은가? 시편의 종교적인 이해가 신약의 그리스도 중심의 경배에 불충분한가? 왓츠와 그의 동료들은 교회의 역사상 최초로 이러한 질문에 '그렇다'라고 대답하며, 천 년이 넘는 시간 동안 하나님의 백성의 찬송가였던 시편의 지위를 낮추었던 것이다. 이제 우리는 이러한 운동으로부터 본회퍼의 질문에 대한 대답을 찾을 수 있다. 교회는 시편을 하나님께 드리는 사람의 말로써 사용하기를 멈추었다. 왓츠와 다른 찬송 작곡가들은 용감하게 기독교 예배를 '개혁'해냈다. 그들은 과연 옳았는가? 우리는 이 책을 통해 이들의 운동을 유발했던 시편의 '문제들'을 하나하나 살펴볼 것이다.

지금은 시편찬송에 대한 왓츠의 인식과 불과 몇 세대 전이였던 칼빈의 제네바의 인식이 얼마나 다른지, 그 차이에 잠시 주목해보려고 한다. 위에서 인용한 왓츠의 묘사에 비추어 본다면 시편찬송은 회중의 "회한을 불러일으키고,… 불편한 마음을 솟아나게" 한다. 그러나 칼빈 당시의 제네바 교회는 위에서 인용한 어떤 방문자의 고백처럼 시편찬송을 통해 "큰 위로와 유익이"

되었다고 증언했다. 이러한 대조는 두 세대 간에 찬송에 대한 서로 다른 기대가 있었다는 것을 시사한다. 이렇게 서로 다른 기대가 있었기에 칼빈의 제네바는 시편찬송을 통해 만족을 얻었지만, 왓츠의 잉글랜드는 시편찬송을 통해 불쾌한 감정만 느꼈던 것이다.

　1539년에 칼빈의 제네바에서 출간된 최초의 시편찬송가에는 총 열아홉 편의 시편이 실렸었다. 이 열아홉 편의 시편 중 여섯 편은 회개에 대한 시편들(시 25, 32, 36, 51, 103, 130), 또 다른 여섯 편은 심판과 전쟁에 대한 시편들(시 2, 3, 46, 91, 114, 137, 143), 그리고 나머지 세 편은 율법과 의에 대한 시편들(시 1, 15, 19)이었으며, 고작 세 편만이 경배의 시편들(시 104, 113, 138)이었다.[19] 오늘날 많은 교회는 저주의 시편인 시편 137편이 제네바에서 최초로 발행된 종교개혁의 찬송가에 포함되었다는 사실을 들으면서 충격을 받을 것이다. 왓츠가 살았던 시대에는 찬송에 대해 이와는 다른 기준이 있었고 그렇기에 칼빈이 살았던 시대에 귀하게 여겨졌던 이런 종류의 시편들은 되려 퇴출당하고 말았다. 그 결과 시편 전체가 무시를 받았다.

　비록 시편이 찬송으로서는 무시를 받고 있지만, 많은 사람은 여전히 묵상을 목적으로 시편을 읽고 있다. 시편을 성경에서 제거하려는 노력은 당연히 없었다. 그러나 이제 시편은 그저 읽기 위한 하나님의 말씀으로만 유지되었고, 더 이상 시편을 찬송하며 하나님께 화답하는 모습은 찾아볼 수 없게 되었다. 디트리히 본회퍼가 고심했던 그 변화는 19~20세기에 널리 퍼져 있었다.[20]

　우리가 시편을 찬송가가 아니라 (읽기 위한) 책으로만 여기기 시작할 때, 우리는 무엇인가 중요한 핵심을 잃어버리고 만다. 그리고 이 문제는 단순히 시

---

19) J. 위트블리어트, "Spirituality of the Psalter," 278쪽.
20) 여기서 짚고 넘어갈 점이 있다. 본회퍼가 그렇게 질문을 한 이유는 그가 시편을 주로 낭독을 목적으로 하는 책처럼 여기기를 바랐기 때문이 아니다. 독일에서 세계 2차 대전을 겪은 그리스도인으로서 본회퍼는 개인적으로 시편을 하나님께 드리는 기도이자 찬송으로 사용했었다. 본회퍼가 시편을 어떻게 사용했는지에 대한 글을 원한다면 P. 밀러, "Bonhoeffer and the Psalms 를 참고하라.

편찬송을 다시 시작하는 것보다 더 심각한 문제이다. 우리는 교회에서 예배를 드릴 때 갖는 찬송에 대한 올바른 기대와 기준을 다시 세워야 한다. 우리는 시편이 왜 고통스럽고 '어색한' 표현을 담고 있는지를 다시 배워야 한다. 우리는 사도들과 초대 교회의 교부들과 종교개혁자들이 어떻게 시편 속에서 영광스럽게 드러나시는 그리스도를 보았으며, 어째서 그들이 시편을 그리스도 중심의 예배에 사용될 가장 이상적인 찬송으로 생각했는지를 다시 발견해야 한다. 우리는 어떤 찬송을 해야 하는지 깨달아야 한다. 시편을 찬송하지 않고서는 도저히 채울 수 없는 교회의 필요를 어떻게 시편찬송만이 차고 넘치도록 채울 수 있는지 보아야 한다.

나는 여러분이 재능있는 찬송 작곡가들이 지은 아름다운 찬송들로 하나님을 경배하기를 권한다. 나 역시 왓츠의 작품 중 하나인 "주 달려 죽은 십자가"(When I Survey the Wonderous Cross)를 내가 가장 좋아하는 찬송가로 꼽는다. 기독교인들은 이러한 찬송가를 통해 큰 유익을 얻을 수 있다. 그러나 성경 밖에 있는 찬송가는 결코 '예배의 식단'이 될 수 없다. 만약 여러분이 이러한 찬송가로 인해 하나님께서 자신의 교회에게 주신 찬송을 되려 예배에 '어울리지 않는다'고 생각한다면, 예배의 회복을 위한 수술이 필요한 바로 그 시점이 되었는지 모른다.

이 책에서 나는 그 회복을 위한 몇 가지 성경의 지침을 나누고자 한다. 그 어떤 찬송가도 우리에게 주지 못하는 유익을 어떻게 시편만이 우리에게 주는지 살펴보겠다. 그리고 시편을 다시 찬송하기 시작하는 그리스도인들과 교회들에게 몇 가지 실제적인 지침을 나눌 것이다.

시편찬송과 친숙해지는 가장 좋은 방법은 시편찬송가집을 구입해서 찬송하기 시작하는 것이다. 시편은 회중 예배 때 불려질 수 있고, 또한 가정 경건회나 개인 묵상 시간에도 불려지기 알맞다. 시편찬송을 위해 고를 수 있는 시편찬송가집이 여러 개 있다.

《The Book of Psalms for Worship》(크라운앤커버넌트, 2009년)과 《The Trinity Psalter》(미국장로교회, 1994년)은 시편을 찬송하는 북아메리카의 교회들이 널리 사용하고 있는 훌륭한 시편찬송가집이다. 미국장로교회 판은 점자로도 구입할 수 있다(www.crownandcovenant.com에 가면 이러한 찬송가집 뿐만 아니라 시편찬송 CD와 같은 다른 시편 관련 자료들을 구할 수 있다).

영국에서도 위에 언급한 시편찬송가집을 구입할 수 있으며, 그 외에도 《Sing Psalms》(스코틀랜드 자유 교회, 2003년)와 같은 시편찬송가집이 있다. 히페리온 음반사를 통해서는 <Psalms from St. Paul's>라는 성공회 교회의 시편 합창 CD를 구입할 수 있다. 이 CD는 12개 세트로 되어 있으며, 매우 아름답다.

역사적인 시편 곡조에 관심이 있는 사람들은 《Book of Praise: Anglo-Genevan Psalter》(캐나다 개혁 교회, 2010년)을 참고하라. 이 시편찬송가집은 시편 150편 전체를 현대 영어로 번역했지만, 16세기 존 칼빈의 제네바 시편찬송가집에서 사용했던 곡조를 사용한다(www.bookofpraise.ca에서 확인할 수 있다). 스페인어로 되어 있는 시편찬송은 《El Himnario》에 포함되어 있다(처치 출판사, 1998년, 405~441쪽에 시편찬송이 실려있다).

비록 시편찬송은 현대 교회에선 그리 일반적이지 않지만, 여전히 시편찬송과 관련된 자료는 충분히 존재한다. 좀 더 자세한 시편찬송 자료 목록에 관심이 있는 목사나 예배 인도자에게는 존 D. 위트블리어트의 《The Biblical Psalms in Christian Worship: A Brief Introduction and Guide to Resources》(어드만스, 2007년)를 추천한다.

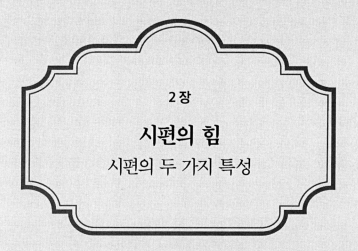

2 장

시편의 힘
시편의 두 가지 특성

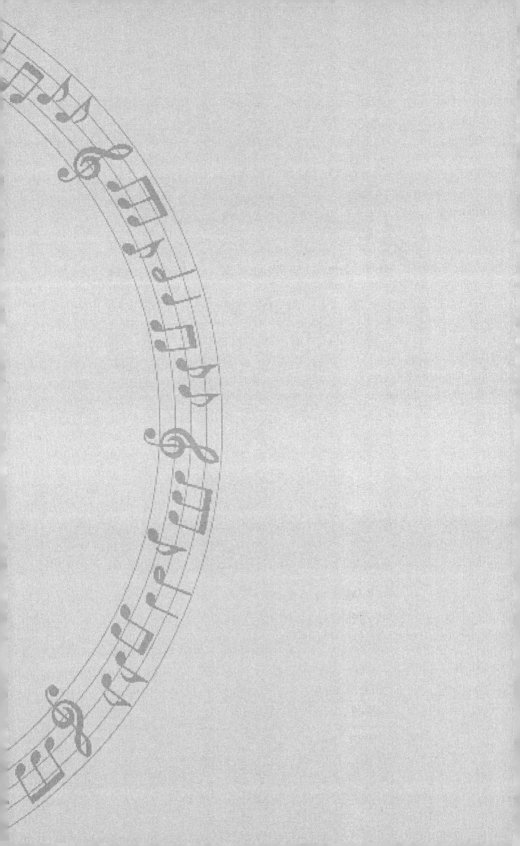

2장

시편의 힘 : 시편의 두 가지 특성

　'장미는 어디까지나 장미이며 또 장미일 뿐이다(A rose is a rose is a rose).'[21] 라고들 한다. 그러나 모든 장미가 다 똑같은가? 사실 장미에도 백여 종의 서로 다른 장미가 있으며, 이 장미들은 전혀 똑같지 않다.

　예배 중에 부르는 찬송은 어떠한가? '찬송은 어디까지나 찬송이며 또 찬송일 뿐이다'라고 전제하는 것은 합당한가? 찬송에도 로빈 마크(Robin Mark)의 "지금은 엘리야 때처럼"과 같은 현대 예배 찬송도 있고, 리치 멀린스(Rich Mullins)의 "나의 주 크고 놀라운 하나님"과 같은 합창곡도 있으며, 헨리 F. 라이트(Henry F. Lyte)의 "때 저물어서 날이 어두니"와 같은 고전 찬송도 있고, "성부 성자 성령께"와 같은 수 세기 전의 초대 교회 찬송도 있다.

　　　성부 성자 성령께 찬송과 영광 돌려보내세

　　　태초로 지금까지 또 영원무궁토록

　　　성삼위께 영광 영광 아멘

---

21) 미국의 여류 시인이자 소설가인 거트루드 스타인(Gertrude Stein)이 그녀의 시 "성스러운 에밀리 (Sacred Emily)"에서 사용한 문장이다.(옮긴이 주)

또 다윗 왕의 "여호와 우리 주여 주의 이름이 온 땅에 어찌 그리 아름다운
지요(시 8)"와 같이 시편으로 정경화된 고대 이스라엘의 찬송도 있다. 이렇게
오늘날의 교회는 우리를 구속하시는 하나님을 경배하는 다양한 찬송곡을
보유하고 있다.

우리는 예배에 이 모든 찬송을 한데 집어넣고, 이 모든 찬송이 동일한 목
적을 성취할 것으로 생각한다. 마치 '찬송은 어디까지나 찬송이며 또 찬송
일 뿐이다'라는 전제처럼 말이다. 우리는 합창곡과 옛 찬송가가 서로 다른
'느낌'을 준다는 것은 인식한다. 그런데도 우리는 일반적으로 이렇게 서로 다
른 다양한 찬송곡들이 하나님에 대한 우리의 사랑을 표현하는 동일한 목적
을 성취하는 것처럼 여긴다.

이번 장에서 나는 이러한 생각에 도전하려고 한다. 예배에서 시편찬송이
성취하는 것과 다른 모든 종류의 찬송이 성취하는 것 사이에는 큰 차이점
이 있다는 점이다. 우리는 지금 사과와 사과를 비교하는 게 아니다. 시편에
는 적어도 두 가지 특성이 있다. 이 두 가지 특성은 현대 기독교 예배에 있어
시편을 특별하게 하며, 시편에 고유한 능력을 부여한다.

시편의 이 두 가지 고유한 특성을 보여주기 위해 나는 초기 시편이 저작되
었던 작곡실로 여러분을 데려 가려고 한다. 우리가 3,500년 전 다윗 왕 시대
의 고대 이스라엘로 시간 여행을 한다고 상상해보라. 다윗 왕은 그가 설계
하고 있는 새로운 성전에서 불릴 새로운 시편을 편곡하기 시작했다.

다윗은 이스라엘의 예배 때 불리는 많은 시편들을 직접 작곡했지만, 그는
또한 작곡하는 일에 있어 그와 함께 일할 팀을 모집했다. 역대상 25장에서
우리는 다윗 왕이 자신을 도와 시편을 작곡하기 위해 조직한 팀에 대해 찾
아볼 수 있다. 그리고 이러한 시편 작곡팀을 묘사하면서 성경은 다윗의 시
편과 오늘날 작곡되는 찬송을 구별하게 만드는 시편의 두 가지 특성을 우
리에게 알려준다.

아래에 역대상 25장 1~7절을 인용하겠다. 대개 우리는 이러한 본문을 그냥 훑어보고 지나가고 만다. 얼핏 보기에 이 본문은 그저 지루하고 중요하지 않은 세부 사항을 기록하고 있는 것처럼 보인다. 하지만 '악마는 디테일에 있다(the devil is in the details).'라는 속담처럼 '하나님도 디테일에 계신다(God is in the details).' 22) 그러므로 하나님께서 명령하신 작곡팀에 대한 세부 사항을 주의 깊게 읽어보도록 하자.

1 다윗이 군대 장관들로 더불어 아삽과 헤만과 여두둔의 자손 중에서 구별하여 섬기게 하되 수금과 비파와 제금을 잡아 신령한 노래를 하게 하였으니 그 직무대로 일하는 자의 수효가 이러하니라

2 아삽의 아들 중 삭굴과 요셉과 느다냐와 아사렐라니 이 아삽의 아들들이 아삽의 수하에 속하여 왕의 명령을 좇아 신령한 노래를 하며

3 여두둔에게 이르러는 그 아들 그달리야와 스리와 여사야와 하사뱌와 맛디디야 여섯 사람이니 그 아비 여두둔의 수하에 속하여 수금을 잡아 신령한 노래를 하며 여호와께 감사하며 찬양하며

4 헤만에게 이르러는 그 아들 북기야와 맛다냐와 웃시엘과 스브엘과 여리못과 하나냐와 하나니와 엘리아다와 깃달디와 로암디에셀과 요스브가사와 말로디와 호딜과 마하시옷이라

5 이는 다 헤만의 아들들이니 나팔을 부는 자며 헤만은 하나님의 말씀을 받드는 왕의 선견자라 하나님이 헤만에게 열 네 아들과 세 딸을 주셨더라

6 이들이 다 그 아비의 수하에 속하여 제금과 비파와 수금을 잡아 여호와 하나님의 전에서 노래하여 섬겼으며 아삽과 여두둔과 헤만은 왕의 수하에 속하였으니

7 저희와 모든 형제 곧 여호와 찬송하기를 배워 익숙한 자의 수효가 이백 팔십 팔인이라

22) 단순하게 보이는 어떤 일이나 사건들도 세부 사항들을 들여다 보았을 때에는 그 안에 숨겨진 핵심을 파악할 수 있다는 의미의 속담이다. (옮긴이 주)

다윗은 하나님으로부터 그의 자손이 영원히 하나님을 예배하는 일에 섬기는 자들이 될 것이라는 언약의 약속을 받았다(대상 17). 이렇게 영광스러운 책임을 부여 받은 후 다윗은 성전과 성전 직무를 위한 준비를 시작한다(대상 28:19는 우리에게 다윗이 하나님께서 지시하신 대로 성전을 위한 준비를 마쳤다고 알려준다). 역대상 22장에서 다윗은 금, 놋, 은, 돌, 목재 등 성전 건축을 위한 재료를 준비한다. 그리고는 역대상 23장에서 다윗은 레위 가문을 나눠서 각각의 무리들을 재판관과 문지기와 성가대 등으로 임명하며 성전의 직분자들로 세운다. 우리는 레위 가문을 역할 별로 나눈 24~26장을 통해서 또 다른 전문 분야에 대해서도 알게 된다. 그 중 하나는 위에 인용한 본문이 보여주는 것과 같은 시편 작곡팀이었다.

이러한 성전의 시편 작곡팀이 어떻게 구성되어 있는지는 잠시 뒤에 그림을 통해 볼 것이다. 다윗은 초기 체계에서 아삽, 여두둔, 헤만, 이렇게 세 명의 작곡가를 임명하였다. 이 작곡가들은 각각 그들과 함께 일하는 아들들이 있었다. 아삽은 네 명의 아들들, 여두둔은 여섯 명의 아들들, 헤만은 놀랍게도 열네 명의 아들들과 함께 일했다. 각각의 아들들은 전문 악기 연주자들이었으며, 그들은 열한 명의 다른 악기 연주자들과 소규모의 합주단을 이루었다(9~31절은 열두 명으로 이루어진 합주단을 묘사하고 있다).

그 결과, 다윗은 아삽, 여두둔, 헤만, 이렇게 세 명의 작곡가들이 시편을 작사하고, 스물네 개의 합주단이 그 시편에 맞는 음악을 작곡하는 정교한 시편 작곡팀을 갖췄다. 또 다른 성경 본문에서 우리는 성전 예배를 위해 쓰일 수 있는 4,000명의 음악가가 추가로 있었다는 사실도 알게 된다(대상 23:5). 하지만 역대상 25장이 설명하고 있는 이 다윗의 작곡팀이 바로 이스라엘의 예배 찬송인 시편을 만든 장본인이었다.

이 모든 것은 그리 중요하지 않은 세부적인 정보인 것처럼 보인다. 실제로 한 주석가는 "이 본문에서 우리는 우리와의 상관성을 거의 찾아볼 수 없다.

[그러나, 고대] 회중의 예배를 구성하는데 이 본문이 중요했다는 사실은 지극히 분명하다."[23]라고 결론 맺기도 했다. 그러나 이러한 시편 작곡팀에 대한 정보는 우리와 분명히 큰 상관성을 가지고 있다. 이러한 정보가 지루하게 들릴지 모르지만, 하나님께서는 이러한 '디테일'을 통해 우리에게 예배에 대해 교훈하고 계신다. 성전의 모든 구성과 의식과 구조를 통해 하나님께서는 자신의 백성에게 그리스도께서 성취하실 용서와 용서받은 이들이 그리스도를 통해 하나님께 드릴 예배에 대한 중요한 교훈을 가르치신다. 신약 성경의 히브리서 저자가 강조하는 것처럼, 성전은 복음에 대한 가시적인 교훈이다.

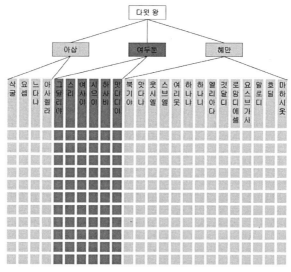

다윗 왕은 세 명의 시편을 기록하는 선지자들을 감독하였으며, 이 세 명의
선지자들은 12명으로 구성된 24개의 팀을 이루고 있는 288명의 음악가들을 감독하였다.

〈성전의 시편 작곡팀: 역대상 25장〉

　우리는 위와 같은 구약 성전의 시편 작곡 체계를 통해 시편찬송의 두 가지 강력한 특성에 대해 배우게 된다.

---

23) R. 브라운, 《1 Chronicles》, 247쪽.

영감을 받은 시편찬송

우리가 배우는 첫 번째 교훈은 바로 성전의 시편찬송은 하나님의 영감으로 기록되었다는 것이다. 역대상 25장 1~7절에서 우리는 적어도 네 번에 걸쳐 선지자적 영감이 다윗의 작곡팀이 예배 찬송인 시편을 기록하는 전제조건이었다는 것을 읽는다.

1절에서 우리는(세 명의 감독관인) 아삽과 헤만과 여두둔이 '수금과 비파와 제금을 잡아 신령한 노래를 하였다'(히브리어 원문에는 "예언을 하다"로 되어있다, 옮긴이 주)라는 말씀을 읽는다.

세 명의 감독관의 선지자적인 지위에 대한 일반적인 진술 이후에 역대상 25장은 각각의 감독관에게도 동일한 진술을 반복한다. 2절은 아삽의 가문에 대해 설명하는데, 우리는 여기서 아삽이 '왕의 명령을 따라 신령한 노래를 하였다'라는 말씀을 읽을 수 있다. 우리는 또한 여두둔의 가문에 대한 설명에서도 여두둔이 '수금을 잡아 신령한 노래를 하였다'라는 말씀을 읽는다(3절).

마지막으로 헤만은 특별한 주목을 받는다. 헤만은 단순히 찬송하는 선지자는 아니었다. 그는 "왕의 선견자"였다(5절). 그는 이스라엘의 다양한 문제에 대해 왕이 자문했던 왕의 선지자들 중 한 명이었던 것으로 보인다. 나단 선지자(대하 7:2~4, 12:1), 갓 선지자(삼상 22:5, 삼하 24:11~13)와 같이 헤만은 아마도 찬송뿐만 아니라 여러 주제에 있어서 다윗에게 하나님의 말씀을 전달했을 것이다(어쩌면 이러한 능력을 통해 그가 한 봉사에 대한 상으로서). 하나님께서는 헤만에게 특별한 약속을 주셨는데, 그 중에 하나는 바로 헤만이 많은 아들들을 가질 것이며, 이에 더하여 성전 예배의 찬송을 짓는 특권을 받는 것이었다.

찬송을 짓는 것은 선지자에게는 특별한 역할이었던 것으로 보인다. 어찌 되었든 헤만은(아삽과 여두둔처럼) 하나님의 영감을 받아 이스라엘의 예배를 위한 찬송을 지었다.

역대상은 이러한 네 번의 반복을 통해 '이스라엘의 작곡가들이 하나님으로부터 영감을 받았다'고 신중하게 진술한다. 성경의 다른 본문들도 이러한 방식을 확증하며, 구약 시대의 예배 찬송이 하나님의 영감으로 되었다고 결론을 내린다(출 15:1, 신 31:19, 시 40:3, 삼하 23:1~2). 하나님의 영감은 바로 시편을 교회가 작곡한 다른 모든 찬송으로부터 구별하는 특성 중 하나이다.

몇몇 현대 찬송 작곡가들은 어쩌면 고대 이스라엘의 작곡가들보다 더 나은 시인들일지도 모른다. 최근에 만들어진 찬송곡들 중 몇몇은 시편찬송보다 어쩌면 더 이해하기 쉽고, 더 노래하기 즐거울 수도 있다. 그러나 교회는 역사적으로 시편을 높게 평가하고 소중하게 여겨왔는데, 이는 바로 시편만이 하나님의 영감으로 된 무오한 찬송이기 때문이었다. 4세기 교부인 알렉산드리아의 아타나시우스(Athanasius)는 이렇게 말했다.

"설득력있는 그 누구라도 시편의 이러한 말씀을 불경한[즉 영감을 받지 않은] 말들로 개선하려고 하지 못 하게 하라. 또 그 누구도 시편의 이러한 말씀을 재구성하거나 완전히 수정하지 못하도록 하라. 시편의 표현들[은] 우리가 짓는 말들보다 더 우월하다. [왜냐하면] 우리를 도우시기 [위해]… 시편을 기록한 성인들에게 말씀하시는 분은 성령 하나님이시기 때문이다."[24]

1세기 후반의 히포의 아우구스티누스(Augustinus, 353~430)는 새로운 찬송이 매력적이라는 점을 인정하긴 했지만, 예배자들에게 하나님의 영감으로 된 시편을 찬송하는 것이 우월하다는 점을 도외시하지 말라고 권면하였다. "[어떤 이들은] 우리의 교회들에서 우리가 선지자들의 신적인 찬송[즉 시편]을 성가로 진지하게 부르는 것 [때문에] 우리를 비난한다. 그러나 그들은 전장에

---

24) 아타나시우스, "마르첼리노에게 보내는 서신," 102~108쪽.

서의 나팔 신호처럼 그들을 깨우는 인간 저작의 찬송을 부르면서 환희에 가득 차 그들의 정욕을 불태운다."[25] 아우구스티누스가 시편을 가치있게 여긴 이유는 시편이 음악적으로 기쁨을 선사했기 때문이 아니라, 시편이 하나님의 영감으로 된 찬송으로서 완전했기 때문이다.

만약 우리가 교회에서 '분명하고 부드러운' 찬송만을 부르기를 원한다면, 우리는 확실히 옛 시편의 고뇌와 장황함, 그리고 의식적인 언어와 이해하기 힘든 말과 심상보다는 더 나은 찬송을 부를 수 있을 것이다. 그러나 만약 우리가 우리의 신앙을 교훈하고 우리의 영혼을 진리로 세우는 찬송을 찾고 있다면, 하나님의 영감으로 된 시편찬송보다 더 흥미진진하고 가치있는 찬송은 없다.

모세가 더듬으면서 한 말(출 4:10)을 우리가 소중하게 여기는 이유는 모세가 쓴 글이 읽기 쉽기 때문이 아니라 하나님의 영감을 받았기 때문이다. 우리가 가방끈이 짧은 아모스 선지자의 말(암 7:14)에 아리스토텔레스(Ἀριστοτέλης)의 세련된 웅변보다 더 높은 권위를 부여 하는 이유는 아모스가 아리스토텔레스보다 수사학적으로 우월하기 때문이 아니라, 그의 말이 하나님께 영감을 받았기 때문이다. 우리가 바울의 무종 지문(run-on sentences)[26] 과 난해한 논증을 귀중하게 여기는 이유는 바울의 글이 읽기 쉽기 때문이 아니다(심지어 베드로조차 바울의 글이 이해하기 어렵다고 인정했다, 벧후 3:16). 우리가 바울의 글을 귀중하게 여기는 이유는 바로 바울이 하나님의 영감으로 그 글을 기록했기 때문이다.

마찬가지로, 교회는 시편 속에서 우리에게 주어진 찬송을 소중하게 여겨야 한다. 우리가 시편을 소중하게 여기는 까닭은 시편이 쉽거나, 심지어 가장 훌륭한 노래이기 때문도 아니다. 그렇게 하는 이유는 시편이 하나님의 영

---

25) 아타나시우스, "마르첼리노에게 보내는 서신," 102~108쪽.
26) 무종 지문은 접속사 없이 쉼표만을 사용하여 문장을 계속해서 작성하는 방식이다. (옮긴이 주)

감 아래 신중하게 지어졌기 때문이다. 시편은 무오하다. 즉 오류가 없다. 시
편은 모든 면에서 진실하며, 우리를 위해 성령 하나님에 의해 완벽하게 준비
되었다.

　시편의 많은 부분은 참으로 미적으로 풍성하며 시적으로는 감동을 준다.
시편은 우아하고 아름답다. 설사 우리가 현대 찬송을 더 매력적으로 느낀
다고 해도, 오직 시편만이 흠 없이 완전하다. 하나님의 영감은 다윗의 작곡
팀이 가졌던 능력으로, 우리는 그 능력을 모방할 수조차 없다. 하나님의 영
감은 교회를 위한 특별한 찬송으로서 시편을 구별하는 두 가지 특성 중 첫
번째 특성이다.

　교회가 얼마나 좋은 선물을 받았는지 모르는가! 하나님께서는 성경을 통
해 우리에게 영감을 받은 교훈을 주셨을 뿐만 아니라 영감을 받은 찬송도
주셨다. 찬송은 이따금 (설교보다 더 많은 역할을 하지는 않을지라도) 설교만큼
이나 우리의 신앙을 형성하는 역할을 한다. 설교와 시편찬송은 교회의 신앙
을 형성하는 이상적인 교과 과정을 제공한다.

　시편은 우리에게 죄에 대해 가르친다(시 6, 25, 51). 시편은 우리에게 마지막
소망 혹은 종말론에 대해 가르친다(시 1, 73, 149). 시편은 우리에게 그 어려운
하나님의 주권과 인간의 책임 사이의 관계에 관해 설명기도 한다(시 139).
시편은 교회(시 48, 87)나 세계 선교(시 47, 96)에 대해 우리가 어떻게 생각해야
하는지를 가르치기도 한다. 시편은 그리스도의 인격과 사역 안에서 우리의
신앙을 형성하기도 하고(시 2, 22, 72, 89, 110), 우리를 거룩한 교리의 각각의
분과로 인도해주기도 한다. 마틴 루터는 시편을 '작은 성경'이라고 불렀는데,
그 이유는 바로 시편이 150편의 시들을 통해 모든 성경의 교리에 대한 자세
한 요약을 제공해주기 때문이다.[27]

---

27) 1534년에 발간한 《Psalter》의 서문에서 루터는 다음과 같이 말한다. "[시편이] 얼마나 그리스도의 죽으
심과 부활하심을 너무나도 분명하게 약속하고, 그리스도의 나라와 기독교 국가의 조건과 속성에 대한
심상을 보여주고 있는지, 시편은 작은 성경이라고 불릴 만하다"(M. 루터, 《Luther's Works》, 35.254).

많은 (현대) 찬송곡들이 교리를 가르치는 것은 사실이다. 그러나 우리는 신학자들 중 가장 위대한 신학자이신 성령 하나님께서 지으신 찬송곡들에 우선순위를 두어야 하지 않을까? 교회가 작성한 여러 교리 표준들과 시편 속에 담겨있는 교리 교육적인 가치를 비교하면서 스코틀랜드 신학자 제임스 데니(James Denny)는 "교회의 신앙고백서는 서약되기보다 찬송 되어야 한다"[28] 라고 강조하였다.

영감 받지 않은 찬송을 부를 때, 예배자는 자신이 부르고 있는 찬송이 가르치는 교리를 세심히 분별해야 한다. 시편찬송을 발견하기 전까지 나는 예배 때 내가 부르는 찬송이 진리를 가르치는지에 대해 고민했던 적이 있었다. 예를 들어서 A.H. 애클레이(A. H. Ackley)의 "다시 사신 구세주"를 생각해보자. 이 찬송은 부활절마다 애창되는 고전 찬송이다.

알프레드 애클레이는 1932년 부활절 아침 예배 전에 라디오를 틀어놓고 면도를 하고 있었다. 그런데 라디오에서 한 목사가 예수님께서 진짜로 죽은 자들 가운데서 부활하셨는지는 그리 중요한 게 아니라고 말하였다. 그 목사는 부활의 교훈이 중요한 것이지, 부활의 사실이 중요한 게 아니라며 횡설수설했다. 애클레이는 거룩한 분노를 느꼈으며, 그 부활절 주일 내내 그 목사에게 '예수님께서 진짜로 죽은 자들 가운데서 살아나셨다'는 것을 증명할 방법에 대해 고심했다. 그 날 밤, 그는 탁자에 앉아 펜을 들어 자신의 답변으로서 이 찬송곡을 썼다.

---

28) 앤더슨, "Israel's Creed," 277쪽에서 인용됨.

다시 사신 구세주 나 항상 섬기네
온 세상 조롱해도 주 정녕 사셨네

그 은혜로운 손길 부드러운 음성
내 평생 주님 함께 늘 계시네

예수 예수 늘 살아 계셔서
주 동행하여 주시며 늘 말씀 하시네

예수 예수 내 구세주 예수
내 맘에 살아계시네 늘 살아계시네

예수님은 육체를 가지고 무덤에서 부활하셨으며, 성경은 부활한 예수님을 목격한 사도들의 증언을 우리에게 부활에 대한 확신의 증거로 제시한다. 그런데 위의 찬송 속에 담긴 부활에 대한 애클레이의 추가적인 증거는 어떠한가? 예수님께서 우리의 삶 속에서 함께 하신다는 우리의 주관적인 경험이 부활에 대한 우리의 확신을 증명할 수 있는가? 그렇다면 예수님께서 우리와 함께하지 않으신 것처럼 느껴질 때는 어떠한가?

나는 트집을 잡기 위해서 이런 질문을 하는 게 아니다. 나는 우리가 부르는 찬송이 사람들에 의해 저작되었을 때 맞닥뜨릴 수 있는 딜레마(dilemma), 심지어는 예배를 드리는 와중에도 맞닥뜨릴 수 있는 딜레마를 보여주고 싶다. 어떤 교회들은 애클레이의 찬송곡이 신학적으로 부적절하므로 예배 때 그 찬송곡을 부르지 않기로 결론 내릴 것이다. 또 다른 교회들은 이 찬송곡이 교리적으로 적절하며, 그러므로 예배 때 이 찬송곡을 자주 부를 것이다. 한 교회는 개인적인 경험에 의해 주어지는 부활 교리에 대한 확신을 누릴 것이고, 다른 한 교회는 전혀 그렇지 못할 것이다. 그런데도 양쪽 교회에 속한 사려 깊은 예배자들은 찬송을 부르는 종종 "내가 부르고 있는 이 찬송이 과연 성경적인가?" 하는 의문을 가질 수밖에 없다.

시편찬송의 아름다운 면 중 하나는 바로 시편을 부를 때 그런 의문을 가질 필요가 없다는 것이다. 시편이 어떤 의미를 가졌는지 궁금해할 수는 있지만, 그 시편이 과연 진리인지에 대해서는 의문을 가질 필요가 없다. 우리가 시편을 부를 때에는 지금 우리가 오류를 고백하고 있는지 걱정할 필요 없이 우리의 마음을 자유롭게 찬송 안으로 쏟아낼 수 있는 것이다.

찬송은 하나님께 대한 우리의 사랑의 표현, 그 이상의 의미를 가진다. 찬송은 교회의 교리 교육의 일부이다. 어떤 의미에서 회중 찬송은 예배 중 온 교회가 서로에게 설교하는 순서이다(골 3:16). 만약 오늘날의 교회가 종교개혁을 경험하게 된다면, 올바른 설교로의 귀환은 반드시 시편찬송의 회복과 함께 가야 한다. 우리는 시편이 우리의 신앙을 어떻게 형성하는지에 대해 이 책의 다섯 번째 장에서 면밀히 살펴볼 것이다. 하지만 기독교 예배에서 시편을 찬송해야 하는 가장 우월한 특성 중 하나는 바로 시편의 영감성이다.

다윗 왕은 하나님을 경외하는 예배를 위한 하나님의 영감으로 된 시편을 저작하기 위해 성전에 시편 작곡팀을 열심으로 구성하였다. 그 결과로 만들어진 시편찬송은 수 세기에 걸쳐 하나님의 백성에 의해 불렸으며, 오늘날의 우리를 위해서도 정경 안에 보존되어 있다.

왕의 인도를 받는 시편

다윗 왕의 시편 작곡팀의 직무에는 두 번째 전제조건이 있었다. 성전의 시편 작곡팀에서 준비하는 모든 찬송은 **왕의 인도**를 받았다. 성전의 시편 작곡팀은 그들이 저작한 각 찬송곡에 왕의 인준을 받아야 했다.

　역대상 25장 1절에서 다윗 왕은 자신의 권위를 통해 하나님께 드리는 예배를 위해 시편 작곡팀을 임명하였다. "다윗이 군대 지휘관들과 더불어 아삽과 헤만과 여두둔의 자손 중에서 구별하여 섬기게 하되." 이보다 더 중요한 것은 2절에서 다윗이 그들을 구별하여 섬기게 한 이후에도 계속해서 그들의 직무를 감독했다는 것이다.

　첫 번째 작곡가인 아삽은 **"왕의 명령을 따라** [직역하자면, '왕의 손 아래'에서 신령한 노래"를 하였다. 같은 표현이 두 번째로 등장하는 곳은 6절에서 시편 작곡팀을 요약할 때이다. 세 명의 작곡가는 각각 **"왕의 지휘 아래"** 있었다. 다윗 왕은 작곡팀을 임명한 후에 그들이 알아서 직무를 수행하도록 내버려 두지 않았다. 그는 왕으로서 시편을 저작하는 그들의 직무를 계속해서 감독했다.

　다윗은 "이스라엘의 노래 잘하는 자"(삼하 23:1)였으며, 아삽과 여두둔과 헤만은 본질상 다윗의 직무였던 시편 저작에 있어 어떻게 보면 '대필 작곡·작사가'로서 그를 도왔다. 다른 이들도 예배를 위한 시편을 만드는 일에 있어 다윗과 그의 후손을 도왔지만, 시편 전체는 '다윗의 시편'이라고 불릴 수 있었다. 왜냐하면, 시편 전체는 '왕의 음성으로' 말하고 있기 때문이다.

　우리는 이스라엘에서 왕이 맡은 역할을 주로 정치적인 역할로만 생각하곤 한다. 유럽 역사를 공부할 때 만나게 되는 왕들과 여왕들은 일반적으로 정치적인 인물들로 여겨진다. 하지만 만약 우리가 이스라엘의 왕들을 그저 행정가나 군인으로만 생각한다면 큰 오산이다. 이스라엘을 포함한 고대 세계에서 왕권은 신성한 직분이었다(시 110:4).[29] 구약 성경에서 이스라엘의 왕은 예배 행렬의 선두에 섰으며, 거룩한 날에는 제단에서 제사를 인도했고, 하나님 앞에서 백성을 위해 기도했으며, 정치나 전쟁 뿐만 아니라 이스라엘의 예배에 있어서도 중보자의 역할을 감당했다. 성경이 다윗을 "이스라엘의 노래

---

29) 이 주제에 대한 저서는 광범위하다. A. 존슨, 《Sacral Kingship in Israel》, J. 데이, 《King and Messiah》 참고.

잘하는 자"(삼하 23:1)라고 했을 때, 이 구절은 그저 다윗의 음악적인 재능을 말하고 있는 게 아니다. 이 구절은 다윗이 지녔던 왕으로서의 직분에 대해 말하고 있다.

드와이트 D. 아이젠하워(Dwight D. Eisenhower) 대통령은 그림을 그리기를 즐겨 했지만, 그림 그리는 일이 백악관에서 행하는 그의 직무 중 하나는 아니었다. 그러나 다윗 왕조의 직무 중 하나는 이스라엘의 찬송을 인도하는 것이었다. 성전의 후원자이자 하나님 앞에서 백성을 대표하는 자로서 다윗 왕조의 왕들은 예배 때 이스라엘을 위해 찬송할 책임을 갖고 있었으며, 온 이스라엘 역시 왕과 함께 찬송했다.[30]

이것이 바로 예배를 용이하게 하는 시편의 두 번째 특성이다. 성경 속의 예배 중에서 회중을 예배로 이끄는 자는 왕이며, 회중이 그와 함께 부르는 찬송은 **왕의 찬송**이다. 이 원리는 역대상 25장에 기록된 시편 작곡팀에 대한 왕의 감독을 통해 드러난다. 이 원리는 또한 성경 전체가 묘사하고 있는 예배 양식을 통해서도 드러난다.

창세기는 에녹, 노아, 아브라함과 같은 고대 족장들의 예배 방식에 대해 우리에게 많은 정보를 주지 않는다. 우리는 그들이 드린 제사와 기도에 대해서만 들을 뿐이다. 우리는 그들이 찬송도 불렀을 것으로 추측해 볼 수 있다 (찬송은 그 당시 많은 고대 종교의식의 일부분이었다). 만약 제단 앞에서 족장들이 예배 찬송을 불렀다는 게 사실이라고 해도, 창세기는 우리에게 그들이 불렀던 찬송에 대해 아무런 말도 기록하고 있지 않다. 하지만 성경은 출애굽기부터 이스라엘의 예배 방식에 대한 세부 정보를 기술하기 시작한다.

이스라엘은 70명의 **가족**으로서 이집트로 내려갔지만, 600,000명의 남성들

---

30) "이스라엘의 노래 잘 하는 자"라는 명칭을 설명하기 위해 수 세기동안 회자된 옛 랍비의 비유가 있다. 왕께 찬송하기를 바랐던 음악가들의 무리가 있었다. 왕은 그들에게 말했다. "물론 그대들은 모두 노래 잘하는 자들이요, 악기를 잘 다루는 자들이요, 훌륭한 기술을 가진 자들이요, 왕께 찬송할 책임을 맡을 만한 자격이 있는 자들이요. 그러나 그대들이 부를 그 찬송에는 그대들 중 단 한 명의 이름만이 붙여져야 하오. 왜냐하면 그 한 명의 목소리가 그대들 모두의 목소리에 비해서 가장 달콤한 목소리이기 때문이오." 그래서 그 찬송에는 이렇게 기록되었다. '이새의 아들 다윗,⋯ 이스라엘의 시편을 잘 부르는 자의 말씀.' (W. 브라우디, 《Midrash on the Psalms》, 1.6.)

51

(여기에 여성과 어린이들의 숫자를 더한 크기)로 이루어진 **국가**가 되어 이집트에서 나왔다. 이렇게 새로운 국가를 조직하면서 하나님께서는 모세에게 그들의 율법과 그들의 예배에 대한 지침을 주셨다. 성경이 기록하고 있는 이스라엘 최초의 예배 인도자는 바로 모세다. 홍해를 건넌 후에 파라오의 전차들이 파도 아래 수장된 것을 기념하면서 모세는 성경에 기록된 첫 번째 회중 찬송을 짓고 찬양을 이끌었다.

> 내가 여호와를 찬송하리니 그는 높고 영화로우심이요
> 말과 그 탄 자를 바다에 던지셨음이로다…(출 15:1~21).

　여러 해가 지난 후, 이스라엘 백성은 모압 땅에서 약속의 땅으로 들어갈 채비를 하고 있었다. 거기서 모세는 이스라엘 백성에게 신명기에 기록된 설교를 전달한다. 설교를 끝낸 모세는 자신의 설교를 책으로 기록하면서(신 31:9, 24~26), 이스라엘 백성에게 새로운 노래를 가르친다. "모세가 이스라엘 총회에 이 노래의 말씀을 끝까지 읽어 [혹은 노래하여] 들리니라:

> 하늘이여 귀를 기울이라 내가 말하리라 [노래하리라]
> 땅은 내 입의 말을 들을지어다…"(신 31:30~32:47).

　이스라엘의 첫 번째 지도자인 모세는 하나님의 영감을 받은 이스라엘의 찬송 작곡가이자 예배 인도자였다. 이스라엘의 두 번째 지도자도 마찬가지였다.

　모세는 찬송하는 상황에서 여호수아를 자신의 후계자로 소개한다. 하나님께서 모세에게 여호수아를 자신의 후계자로 이스라엘에 소개하라고 말씀하신 후에, "모세와 눈의 아들 호세아가 와서 이 노래의 모든 말씀을 백성에게 말하여 들리니라"(신 32:44). 모세의 후계자가 된 여호수아가 보여준 지도 자로서의 첫 번째 행동은 바로 모세와 함께 이스라엘을 찬송 가운데로 인도 하는 것이었다.

이후 우리는 얼마 지나지 않아 여호수아가 찬송을 작곡하고, 혼자서 찬 송을 인도하는 것을 발견한다. 여호수아로부터 우리는 이스라엘이 가나안 에서 겪었던 초기 전쟁에 대해서 읽게 된다. 이러한 전쟁 기사들 중 하나는 아얄론 골짜기에서 하나님께서 기적을 행하시며 전쟁에 개입하신 사건이다. 하나님께서는 태양을 멈추시고 하늘로부터 우박을 내리셨다. 이렇게 빼어난 승리를 묘사하고 난 후에, 성경은 다음과 같이 보고한다. "여호와께서 아모 리 사람을 이스라엘 자손에게 넘겨 주시던 날에 여호수아가 여호와께 아뢰 어 [노래하여] 이스라엘의 목전에서 이르되

> 태양아 너는 기브온 위에 머무르라
> 달아 너도 아얄론 골짜기에서 그리할지어다 하매
> 태양이 머물고 달이 멈추기를
> 백성이 그 대적에게 원수를 갚기까지 하였느니라"
> (수 10:12~13).

여호수아의 죽음 이후 이스라엘에는 그의 뒤를 잇는 분명한 후계자가 없 었다. 사사기에 기록되고 있는 시대는 "사람마다 자기 소견에 옳은 대로"(삿 17:6, 18:1, 19:1, 21:25) 행했던 시대였다. 왜냐하면, 이스라엘에는 그들을 이끌 만 한 왕이 없었기 때문이다. 그러나 곤경에 처한 이스라엘이 하나님께 울부짖 을 때가 있었으며, 그때마다 하나님께서는 이스라엘에 구원자를 주셨다. 예 를 들면, 드보라는 가나안 족속이 이스라엘을 압제하고 있을 때 "여선지자" 로서 "이스라엘의 사사"(삿 4:4)가 되었다. 드보라는 이스라엘의 장군이였던 바락과 함께 10,000명의 군대를 이끌고 전장으로 나갔다. 하나님께서 그들에

게 큰 승리를 허락하신 후(삿 4)에 드보라는 이스라엘의 예배를 위한 찬송을 지었다. 그리고 나서 드보라는 바락과 함께 이스라엘이 찬송을 부르도록 인도하였다. "이날에 드보라와 아비노암의 아들 바락이 노래하여 이르되

> 너희 왕들아 들으라 통치자들아 귀를 기울이라
> 나 곧 내가 여호와를 노래할 것이요
> 이스라엘의 하나님 여호와를 찬송하리로다…"
> (삿 5:1~31).

　　결국, 이스라엘은 왕을 얻었다. 그들은 왕을 달라고 울부짖었고, 하나님께서는 그들에게 사울 왕을 주셨다. 하나님께서 사울에게 왕권을 주셨다는 첫 번째 징표는 음악적인 영감을 통해 나타났다. 사무엘이 사울을 이스라엘의 첫 번째 왕으로 기름 부은 후에, 사울은 선지자들의 무리에 끼어 "비파와 소고와 저와 수금"을 앞세우며 그 자신도 예언했던 것이다(삼상 10:5, 9~13). 비록 사울이 이스라엘의 찬송을 인도했다는 기록은 없지만, 위의 일화는 하나님의 영감을 받아 찬송하는 것이 이스라엘의 통치자의 징표라는 점을 일관되게 드러낸다.

　　사울의 죽음 이후, 다윗은 이스라엘의 새로운 왕으로 소개된다. 다윗 또한 예배 인도를 통하여 소개되었다. 사울이 죽었다는 소식이 전해졌을 때, 그의 후계자인 다윗이 보여준 첫 번째 행동은 바로 유다 족속에게 슬픈 노래를 가르친 것이었다. "다윗이 이 슬픈 노래로 사울과 그의 아들 요나단을 조상하고 명령하여 그것을 유다 족속에게 가르치라 하였으니 곧 활 노래라 야살의 책에 기록되었으되

> 이스라엘아 네 영광이 산 위에서 죽임을 당하였도다
> 오호라 두 용사가 엎드러졌도다…"(삼하 1:17~27).

다윗이 이스라엘의 새로운 예배 인도자로 소개된 직후, 성경은 다윗의 즉위식(삼하 2:1~4) 장면을 우리에게 보여준다. 비록 성경에 왕의 직무에 대해 낱낱이 기록한 목록은 없다고 해도 찬송을 인도하는 것이 다윗 왕 이전부터 이스라엘 통치자의 직무였다는 것은 명확하다.

우리에게 가장 익숙한 것은 다윗 왕의 왕성한 작곡 활동이다. 다윗은 그가 세운 새 수도(예루살렘)에 건축될 성전을 위한 모든 방면의 준비에 힘썼다. 앞서 역대상 25장을 통해 살펴본 것처럼, 다윗은 성전을 위한 모든 찬송을 직접 저작하지는 않았다. 성전의 웅장함을 드높이고, 성전을 음악으로 가득 채우기 위해 다윗은 대규모의 새로운 오케스트라와 성가대를 세웠으며, 찬송을 준비하는데 그를 도울 선지자적인 시편 작곡팀을 임명하였다.

우리는 다윗 이전 수백 년 동안 이스라엘의 예배 인도자와 이스라엘 통치자 사이의 긴밀한 연관성을 보았다. 이제 우리는 역대상과 역대하의 저자가 어떠한 이유로 새 찬송을 작곡하는 사람들이 '왕의 손 아래에서' 그 일을 했다고 강조하는지 이해할 수 있다. 이스라엘의 회중 찬송은 이 시점까지는 주로 (어쩌면 항상) 이스라엘의 통치자들에 의해 저작되었으며, 추가적인 작곡가들을 도입하기 위해서는 왕의 승인이 필요했다. 다윗이 직접 이들을 감독했다는 것은 비록 다윗이 저작 활동의 대부분을 아삽(시 50, 73~83), 여두둔(시 39, 62, 77, 아마도 89), 헤만(시 88), 또 고라 자손(시 42~49, 84~85, 87~88)과 같은 다른 이들에게 맡기기는 했지만, 이 시대에 저작된 모든 찬송이 '다윗의 시편'이라고 불릴 수 있음을 의미한다.

이스라엘의 찬송에 있어 왕이 이토록 중요한 위치에 있었음은 또한 시편 그 자체에서도 나타난다. 예배 중에 이스라엘 백성의 시편찬송을 인도하던 사람은 다윗 왕이었다. 아래는 다윗 시대 때 행해졌던 여러 예배 행렬 중 하나이다.

"다윗과 이스라엘 온 족속은 잣나무로 만든 여러 가지 악기와 수금과 비파와 소고와 양금과 제금으로 여호와 앞에서 연주하더라… 다윗이 여호와 앞에서 힘을 다하여 춤을 추는데 그 때에 다윗이 베 에봇[다윗의 신성한 직무를 나타내는 제사장의 옷]을 입었더라 다윗과 온 이스라엘 족속이 즐거이 환호하며 나팔을 불고 여호와의 궤를 메어오니라 여호와의 궤가 다윗 성으로 들어올 때에…"(삼하 6:5~16, 대상 15~16 참고).

이 본문이 묘사하고 있는 예배 행렬의 선두에는 다윗 왕이 있었다. 그는 제사장 의복을 입고 있었으며, 찬송을 하면서 이스라엘을 성전으로 이끌었다.

구약 시대 때의 이스라엘에는 예배 중에 하나님의 백성에게 하나님의 말씀을 전하는 **선지자**들이 있었고, 제사와 기도를 하나님께 드리는 **제사장**들이 있었으며, 예배 전체를 인도하는 **왕**이 있었다. 왕은 회중을 예배로 불렀으며(삼하 6:1, 대상 15:3), 하나님의 집으로 가는 백성의 행렬을 이끌었고(삼하 6:15, 대상 15:25~28), 심지어 성전에서 열린 주요 절기 동안에는 특정 제사와 기도를 인도하기도 했다(삼하 6:17, 대상 16:2).

신성한 왕직은 이스라엘뿐만 아니라 고대 근동 세계에도 전형적으로 나타나는 현상이었다. 고대 세계의 왕들은 그들의 나라와 그 각각의 나라가 숭배하는 신 사이를 중보하는 자로 인식되었다. 정의를 집행하는 것은 왕의 의무 중 하나에 불과했다. 그러므로 이스라엘의 왕은 야훼와 그분의 백성인 이스라엘 사이를 중보하는 **제사장 같은 왕**이었다(시 110:4).

다윗의 통치 때 저작된 마지막 찬송은 아마 시편 72편일 것이다. 이 시편은 다윗의 뒤를 이어 새로운 왕으로 즉위하는 솔로몬의 대관식을 위해 만들어졌다. 이 아름다운 대관식 찬송은 이렇게 시작한다.

> 하나님이여 주의 판단력을 왕에게 주시고 주의 공의를 왕의 아들
> 에게 주소서.

비록 이 대관식 시편은 "이새의 아들 다윗의 기도가 끝나리라(20절)"라는 말로 끝을 맺지만, 이 시편의 제목은 "솔로몬의 시"로 되어 있다. 학자들은 어떻게 한 찬송이 다윗과 솔로몬, 두 사람 모두를 저자로 언급하고 있는지에 대해 혼란스러워 해왔다. 이에 대한 여러 설명이 있지만, 우리는 어쩌면 이 시편을 '듀엣'으로 찬송함으로써 권위가 승계되는 장면을 다시 목격하고 있는지도 모른다(앞에서 설명한 것처럼, 모세의 권위 역시 동일한 방식으로 여호수아에게 승계되었다). 이 시편은 성전 도서관에서 다윗의 마지막 시이자 솔로몬의 첫 번째 시로 분류되었던 것으로 보인다. 이는 물론 추측일 뿐이다. 그러나 추측이 아니라 사실인 점은 솔로몬이 즉위 이후에도 예배를 위한 찬송시를 계속해서 지었다는 것이다(시 127, 왕상 4:32 참고). 마찬가지로 다윗 왕조의 다른 왕들도 찬송시를 지었다. 다음은 선지자 이사야에 의해 기록된 히스기야 왕의 찬송시 중 하나다.

> 내가 말하기를 나의 중년에 스올의 문에 들어가고 나의 여생을 빼앗기게 되리라 하였도다[즉 "죽게 되었도다"]… 나는 제비 같이, 학 같이 지저귀며 비둘기 같이 슬피 울며 내 눈이 쇠하도록 앙망하나이다 여호와여… 나의 중보가 되옵소서… 주께서 내 영혼을 사랑하사 멸망의 구덩이에서 건지셨고 내 모든 죄를 주의 등 뒤에 던지셨나이다… 여호와께서 나를 구원하시리니 우리가 종신토록 여호와의 전에서 수금으로 나의 노래를 노래하리로다(사 38:10~20).

히스기야는 자신의 질병을 치료하신 하나님께 경배하기 위해 이 찬송시를

지었다. 히스기야 왕은 죄 때문에 죽을 고비에 가까웠던 것으로 보인다. 그러나 히스기야 왕은 하나님께 긍휼을 베풀어 달라고 울부짖었으며, 하나님께서는 그의 죄를 용서하시고 그의 건강을 회복해주셨다. 그래서 히스기야는 이 찬송시를 짓고, 성전에서 그와 함께 온 이스라엘 백성이 이 시를 찬송하도록 했다.

왕을 죽음에서 건지신 하나님의 긍휼이 어째서 온 이스라엘이 찬송해야 하는 근거가 되는가? 성경은 아담으로부터 예수님에 이르기까지 하나님께서 자기 백성의 대표자를 대하시는 방식을 만민을 향한 하나님의 속성을 나타내는 증표로써 보여준다. 그러므로 자신에게 부어주신 하나님의 긍휼에 대한 히스기야 왕의 고백은 온 회중이 그와 함께 찬송해야 할 근거가 되었던 것이다.

물론 이렇게 왕이 인도하는 찬송시 외에도 고대 이스라엘에는 다른 많은 찬송시들이 있었다. 왕(과 그의 선지자적 조수들)이 찬송시를 짓고 회중 찬송을 이끌었지만, 왕 외에 다른 이들도 다른 상황을 위한 찬송시들을 지었다.

예를 들자면, 민수기 21장 27~30절에서는 아모리 족속의 성읍이었던 헤스본과의 일련의 전투 이후에 저작된 승리의 찬송시가 발견된다. 이 찬송은 당시 이스라엘의 지도자(모세)를 저자로 언급하지 않는 대신에 정체불명의 "시인"(27절)을 찬송의 저작자로 묘사하고 있다. 이와 비슷한 예로 이사야서 65장 8절에서는 그 당시에 불려진 노동자들의 노래를 인용하고 있다. 이사야 선지자가 살았던 그 당시의 포도원 일꾼들은 "그것을 상하지 말라[31] 거기 복이 있느니라"라고 시작하는 노동가를 부르면서 포도를 수확했던 것으로 보인다.[32]

우리는 또한 한나(삼상 2:1~10), 요나(욘 2:1~9), 마리아(눅 1:46~55), 스가랴(눅

---

31) 혹은 "멸하지 마소서 (옮긴이 주)
32) 시편 57, 58, 59편은 제목에 '알다스헷'("멸하지 마소서"라는 뜻, 옮긴이 주)에 맞춘 노래라고 되어 있다. 어쩌면 이 시편들은 이사야서가 인용하고 있는 노래의 곡조를 빌려왔을 지도 모른다.

1:67~79)가 개인적으로 저작한 찬송시를 성경 속에서 발견한다. 비록 이러한 찬송시들은 왕이 인도한 회중 찬송과 직접적인 연관이 없지만 경배의 아름 다운 사례들이다.

성경 전반에 흩어져 있는 이러한 본문들과 다른 본문들은 이스라엘 역사 전반에 걸쳐 나타나는 풍성한 찬송의 문화를 여실히 드러낸다(창 31:27, 삿 11:34, 삼상 18:7, 애 5:14, 아 1~8, 암 6:5, 눅 15:25, 또 딤전 3:16처럼 그 시대의 찬송이었 을 수도 있는 신약 성경의 몇몇 시적 본문들). 이스라엘의 통치자는 찬송 저작을 독점하지 않았다. 그러나 이렇게 다양한 믿음과 기쁨의 찬송들이 성경 전반 에 걸쳐 나타남에도, 공예배에서 회중이 모여 있는 장면이 묘사될 때마다 우리는 회중이 통치자가 지은 찬송시를 부른다는 일관된 양식을 발견하게 된다.

이스라엘의 왕이 보좌에 앉아있지 않았던 포로 귀환 시대에도 이스라엘 은 다윗과 아삽의 찬송을 부르면서 예배를 다시 드리기 시작했다(스 3:10~11). 기독교인들에게 특히 중요한 건, 신약 성경이 다윗의 시편을 부르는 회중의 모습을 공예배로 묘사한다는 점이다. 그리고 예배자들은 다윗의 아 들이신 예수님을 그들의 예배 인도자로 삼은 채 예배를 드린다는 사실이다. 신약 교회는 예수님을 교회의 찬송을 위한 궁극적인 예배 인도자로 보았다.

이 사실에 대해 생각해본 적이 있는가? **시편을 찬송할 때, 우리는 사실 예 배 인도자이신 예수님과 함께 예수님의 찬송을 부르고 있다!**

이는 매우 흥미진진한 사실이다. 히브리서 기자는 이 흥미진진한 생각을 다음과 같은 말로 설명하고 있다. "그러므로 [예수님의] 형제라 부르시기를 부 끄러워하지 아니하시고 이르시되 내가 주의 이름을 내 형제들에게 선포하고 내가 주를 교회 중에서 찬송하리라 하셨으며"(히 2:11~12, 시 22:22 인용). 다윗 의 시편을 입에 두고 "교회 중에" 찬송하시는 분은 바로 왕이신 예수님이 시다. 그리고 예수님은 자신과 함께 자신의 찬송을 부르도록 우리를 초청하신다.

　그 어떤 찬송곡도 이렇게 할 수는 없다. 찬송 작곡가인 패니 크로스비 (Fanny Crosby)는 우리의 신앙을 세우는 아름다운 찬송곡을 우리에게 줄 수 있다. 윌리엄 쿠퍼(William Cowper)는 우리 마음속에 품고 있는 제사에 대한 경이를 표현할 수 있는 말을 우리에게 줄 수 있다. 이러한 시인들은 그들의 찬송곡들을 통해 기독교 경건에 크게 기여하였다. 그러나 우리의 제사장이자 왕이신 예수님이 직접 하나님 아버지 앞에서 우리의 곡조있는 선포를 이끄시는 찬송은 오직 성경의 시편에서만 찾아볼 수 있다.

　복음서에서 예수님은 찬송을 자신의 입에 두실 때 시편을 곧잘 인용하시곤 하셨다. 예수님은 자신의 찬송으로서 시편 41편을 부르셨다. "내가 신뢰하여 내 떡을 나눠 먹던 나의 가까운 친구도 나를 대적하여 그의 발꿈치를 들었나이다(시 41:9; 요 13:18)." 예수님은 백성들의 일반적인 경험이 아닌 우리의 진정한 왕으로서 자신의 경험에 비취어 시편 118편을 부르셨다. "건축자가 버린 돌이 집 모퉁이의 머릿돌이 되었나니(시 118:22; 마 21:42)." 예수님은 자신을 시편 110편의 기름 부음을 받은 왕과 동일시하셨다. "여호와께서 내 주에게 말씀하시기를 내가 네 원수들로 네 발판이 되게 하기까지 너는 내 오른쪽에 앉아 있으라 하셨도다(시 110:1; 막 12:36)." 위의 언급한 본문들 뿐 아니라 다른 본문들에서도 예수님은 다윗의 시편을 자신의 찬송으로 여기시고 자신의 입술에 두시면서 자신이 다윗의 아들이시라는 사실을 나타내 보이셨다(마 27:46; 시 22:1; 눅 23:46; 시 31:5; 요 2:17; 시69:9). 예수님께서는 다음과 같은 말씀으로 다윗의 시편과 자신의 관계에 대해 직접 설명하신다.

> 예수께서 성전에서 가르치실새 대답하여 이르시되 어찌하여 서기관들이 그리스도를 다윗의 자손이라 하느냐 다윗이 성령에 감동되어 친히 말하되 주께서 내 주께 이르시되 내가 네 원수를 네 발 아래에 둘 때까지 내 우편에 앉았으라 하셨도다 하였느니라 다윗

이 그리스도를 주라 하였은즉 어찌 그의 자손이 되겠느냐 하시니
많은 사람들이 즐겁게 듣더라
(막 12:35~37, 시 110:1 인용)

예수님은 다윗이 다윗 자신보다 더 위대하게 될 그의 한 자손, 즉 앞으로 오실 그리스도를 위해 시편을 기록했다고 말씀하셨다. 성령 하나님의 도우심으로 말미암아 다윗은 자신의 찬송시들이 궁극적으로는 그리스도의 것이 될 것을 이해할 수 있었다.

베드로는 그의 오순절 설교에서 이와 비슷한 논리를 전개했다. 베드로는 여러 시편(시 16, 89, 110, 132)을 포함한 구약의 성경 본문에서부터 설교를 시작하였다. 아래는 시편에 대한 베드로의 말이다.

그[예수]가 하나님의 정하신 뜻과 미리 아신대로 내어 준바 되었거늘 너희가 법 없는 자들의 손을 빌어 못 박아 죽였으나 하나님께서 사망의 고통을 풀어 살리셨으니 이는 그가 사망에게 매여 있을 수 없었음이라. 다윗이 저를 가리켜 가로되

내가 항상 내 앞에 계신 주를 뵈웠음이여
나로 요동치 않게 하기 위하여 그가 내 우편에 계시도다
이러므로 내 마음이 기뻐하였고
내 입술도 즐거워하였으며
육체는 희망에 거하리니
이는 내 영혼을 음부에 버리지 아니하시며
주의 거룩한 자로 썩음을 당치 않게 하실 것임이로다
주께서 생명의 길로 내게 보이셨으니
주의 앞에서 나로 기쁨이 충만하게 하시리로다

하였으니 형제들아 내가 조상 다윗에 대하여 담대히 말할 수 있

노니 다윗이 죽어 장사되어 그 묘가 오늘까지 우리 중에 있도다.
그는 선지자라 하나님이 이미 맹세하사 그 자손 중에서 한 사람
을 그 위에 앉게 하리라 하심을 알고 미리 보는 고로 그리스도의
부활하심을 말하되 저가 음부에 버림이 되지 않고 육신이 썩음을
당하지 아니하시리라 하더니

(행 2:23~31, 시 16:8~11 인용)

　시편에 대한 얼마나 놀라운 말씀인가! 베드로에 따르면 다윗은 그리스도
가 그의 자손 중에서 나온다는 하나님의 약속을 '알고' 시편을 기록했다는
것이다. 또한, 다윗은 그리스도의 부활을 '미리 보고' 시편 16편을 기록했다
고 설명한다. 시편은 다윗과 그의 자손의 경험에서 만들어졌지만, 다윗은 장
차 오게 될 그의 자손이 완전한 왕이자 예배 인도자로서 자신이 만든 시편
을 그 분(그리스도)의 노래로 취할 것을 미리 알고 시편을 기록했다.

　처음부터 시편은 예수님을 위해 그분의 찬송으로서 지어졌다. 신약 교회
가 왜 시편을 제쳐두지 않았는지에 대한 이유가 분명히 드러난다. 신약 교회
는 예수님과 함께 시편을 찬송하면서 시편을 기쁨으로 취했던 것이다.[33]

　이 원리를 우리의 머릿속에 담아 낼 수 있도록 한 가지 비유를 들어보겠
다. 친한 친구 한 명이 당신을 어떤 콘서트에 초대했다고 하자. 유명한 합창
단이 마침 당신이 사는 도시를 방문했기 때문에 그 친구는 두 장의 티켓을
구입했다. 콘서트홀의 관람석에 앉아서 당신은 눈앞에 일 백여 명으로 구성
된 합창단이 무대 위에 일렬로 서있는 광경을 보게 된다. 그리고 합창이 시
작되었다. 합창단의 음악은 타의 추종을 불허했다. 말 그대로 최고였다. 합
창단 공연을 관람하면서 매우 즐거운 저녁 시간을 보냈기에 당신은 그 친구

---

33) 정경에 보존되어 있는 150편의 시편은 더 이상 예루살렘에 왕이 존재하지 않았던 포로 귀환 시대 때 준
　　비된 것이다. 그렇다면 성경에 있는 시편은 그 당시 유대인들이 고대하고 있던 메시야를 위해 구체적으
　　로 선정되고 편집되었다고 주장할 수 있다(M. 레페브레, "The Hymns of Christ: The Old Testament
　　Formation of the New Testament Hymnal"를 참고하라).

와 다음 주에 열리는 또 다른 콘서트를 보기로 기약했다.

다음 주가 되어 여러분은 또다시 콘서트홀을 찾았다. 그리고 당신은 지난 주에 공연했던 그 합창단이 이번 주에도 공연하는 것을 알게 되었다. 그러나 이번 주 공연 때는 세계에서 손꼽히는 테너 가수가 합창단과 협연하게 되었다. 관람객들과 함께 그 공연을 관람하면서 당신은 백여 명의 합창단이 만드는 웅장함 가운데서 듣게 되는 테너 가수의 감미로운 목소리에 매료된다. 어쩌면 당신은 그 다음 주에도 또다시 콘서트홀을 찾을지 모르겠다.

지난주와 이번 주 공연의 차이점은 무엇이었는가? 지난주 공연 때 관람객들은 백여 명으로 구성된 합창단의 공연을 들었다. 그 공연은 합창단의 음악이었다. 그러나 이번 주 공연을 찾은 관람객들은 백여 명으로 구성된 합창단의 음악을 반주로 한 테너 가수의 목소리를 들었다. 스포트라이트를 받았던 사람은 바로 그 테너 가수였다. 그의 음악이 공연되고 있었으며, 합창단은 그저 그와 함께 공연하고 있었다.

기독교 예배에서 하나님은 우리의 찬송을 들으시는 관람객이다. 오늘날의 많은 교회는 자신을 스스로 하나님께 찬송하는 백여 명의 합창단으로 여긴다. 그들은 예배자의 무리로서 그들의 신앙의 찬송을 하나님께 부르고 있다고 상상한다. 현대 찬송과 CCM은 바로 이러한 전제를 기반을 두고있다. 예를 들어, 현대 찬송은 '죄짐 맡은 우리 구주, 나 조셉 스크라이븐 (Joseph M. Scriven)의 어찌 좋은 친군지'라고 부르지 않는다(조셉 스크라이븐은 '죄짐 맡은 우리 구주'의 작사가이다, 옮긴이 주). 찬송 작곡가들은 회중이 자신들이 지은 찬송을 그들의 찬송으로써 하나님께 부르도록 찬송을 짓는다. 회중이 현대 찬송을 부를 때, 그 찬송을 지은 사람과 그의 경험은 뒤편으로 사라지는 것이다.

시편은 바로 이 점에서 현대 찬송과 극명한 차이점을 보인다. 시편은 마치 위의 비유에서 '이번 주 공연'과 같이 사용되도록 저작되었다. 하나님께서 기름 부으신 예배 인도자이자 왕, 바로 예수님께서 우리의 찬송을 이끄시는 것이다. 예수님께서는 (자신을 위해 선지자적으로 기록된) 자신의 가사로 자신의 찬송을 부르신다. 이 찬송은 하나님의 아버지께 드리는 예수님의 찬송이다. 그리고 예수님께서는 이 찬송을 함께 부르도록 그의 백성인 우리를 부르신다. 우리가 시편을 찬송할 때, 예수님은 뒤편으로 사라지지 않으신다. 우리는 예수님을 우리가 부르는 시편찬송의 인도자로 매 순간 인식하는 것이다. 우리가 예수님의 십자가와 부활의 경험을 매 순간 생각하면서 시편을 찬송해야 한다.

18세기의 찬송 작곡·작사 운동은 시편에서 그리스도를 발견하는 데 실패하였다. 예수님에 대한 찬송, 그 이상을 필요로 하는 교회사적인 이해를 간과했기 때문이다. 기독교인들은 예배 때 예수님과 함께 예수님의 찬송을 부르는 중요성을 잊어버리고 말았다. 우리에게는 예수님께서 인도하시는 찬송이 필요하다. 그리고 시편이 바로 그 찬송을 우리에게 제공한다. 과거 시편찬송이 조금 더 보편적이던 몇 세기 전에만 해도 가장 평범한 그리스도인들의 찬양에까지 생동감을 부어주는 예수님의 찬송에 대해 기대가 있었다.

1692년, 사무엘 패트릭(Samuel Patrick)이라는 성공회 주교는 시편찬송을 대체할 새로운 찬송곡을 도입하던 사람 중 한 명이었다. 어느 예배 시간에 패트릭 주교는 어린 하녀 중 한 명이 찬양하고 있지 않다는 것을 알게 되었다. 주교는 예배 후에 그 어린 하녀를 찾아가 혹시 어디가 아픈지를 물었다. 그 어린 하녀는 이렇게 대답했다. "저는 건강합니다. 하지만 만약 주교님께서 진실을 알고 싶으시다면 말씀 드리겠습니다. 주교님께서 예수 그리스도의 시편을 찬송하실 때, 저는 주교님과 함께 시편을 찬송했습니다. 그러나 이제 주교님은 주교님 자신의 시편을 찬송하시게 되었으니, 주교님 혼자 찬송하시도록 하렵니다."[34] 이 어린 하녀는 예수님에 대하여 찬송하는 것과 예

34) M. 패트릭, 《Story of the Church's Song》, 113쪽.

수님과 함께 찬송하는 것 사이의 차이점을 이해하고 있었다.

디트리히 본회퍼도 그 차이점을 인식했다. 독일의 히틀러 정권 아래서 사역하는 동안 본회퍼는 자신의 신앙을 위해 고난을 겪는다는 의미를 이해했다. 그렇기에 본회퍼는 시편을 찬송하면서 큰 힘을 얻었다. 왜냐하면, 시편은 예수님께서 그의 고난을 짊어지셨다는 확신을 그에게 주었기 때문이다. 본회퍼는 이렇게 말했다.

> 모든 인간의 연약함을 자신의 육체에 짊어지신 분, 여기서 [시편에서] 하나님 앞에 서 있는 모든 인류의 마음을 쏟아 내신 분, 우리의 자리에 대신 서시고, 우리를 위해 기도하시는 분, 그분은 바로 성육신하신 하나님의 아들이시다. 예수님은 고통과 고난과 죄책과 죽음을 우리보다 더 깊이 아셨다. 그러므로 여기에서[시편에서] 예수님께서 취하신 인성의 기도가 하나님 앞에 드려지는 것이다. 시편은 진실로 우리의 기도이다. 그러나 예수님께서는 우리보다 우리 자신을 더 잘 아실 뿐만 아니라, 우리를 위해 진정한 인간이 되셨기 때문에 시편은 진실로 예수님의 기도이기도 하다. 그리고 시편은 예수님의 기도이기 때문에 우리의 기도가 될 수 있는 것이다.[35]

예수님께서 예배 때 성경을 통해 우리에게 말씀하시는 진정한 선지자가 되신다는 건 얼마나 큰 기쁨인가! 예수님께서 우리가 기도할 때 하늘의 보좌에서 우리를 위해 중보하시는 진정한 제사장이 되신다는 사실은 얼마나 큰 기쁨인가! 예수님이야말로 하나님 아버지 앞으로 나아가는 행렬과 찬송에 있어서 우리를 이끄시는 진정한 왕이 되신다는 게 얼마나 큰 기쁨인가!

시편은 교회에 주신 하나님의 영감으로 된 유일한 찬송이다. 그리고 시편은 그리스도께서 인도하시는 교회 내의 유일한 찬송이다. 바로 이것이 시편

---

35) D. 본회퍼, 《Psalms》, 20~21쪽.

을 특별하게 만드는 두 가지 특성이다.

이제, 다음 장부터는 이 두 가지 특성을 조금 더 자세하게 살펴보기를 원한다. 3~4장에서 우리는 예수님의 찬송을 예수님과 함께 찬송한다는 게 어떤 의미인지를 좀 더 생각해 볼 것이다. 그리고 이어지는 5~7장에서 우리는 어떻게 하나님의 영감으로 된 시편이 우리의 신앙을 형성하는지를 좀 더 자세하게 살펴보도록 하겠다. 나는 이 책을 통해 우리가 시편찬송의 특권과 효력을 재발견하기를 기도한다.

활자 인쇄가 발명되고 난 후, 신자들은 유익한 기독교 서적을 많이 보유할 수 있게 되었다. 그리스도인들은 양서를 읽음으로써 얻을 수 있는 실천적인 유익을 취해야 한다. 그럼에도 불구하고 우리는 다른 모든 책 위에 자리하고 있는 성경의 권위를 언제나 존중해야 한다. 이러한 원리는 우리가 듣는 음악에도 동일하게 적용되어야 한다.

오늘날에는 신자들에게 유익을 주는 많은 기독교 음악이 있다. 여러분의 유익을 위해 풍성한 기독교 음악을 즐기는 것은 좋은 일이다. 마치 기독교 서적을 읽으면서 유익을 얻는 것처럼 말이다. 그러나 다른 모든 서적 위에 성경을 두는 것처럼, 다른 모든 음악 위에 시편을 두라. 시편만이 유일하게 영감으로 된 찬송이기 때문이다.

시편을 (그저 읽기만 하는 책이 아닌) 부를 수 있는 찬송가로 여기기 시작하고, 시편을 그리스도의 찬송으로 생각하라, 그리고 다른 모든 찬송 위에 자리하는 시편의 권위를 존중하라.

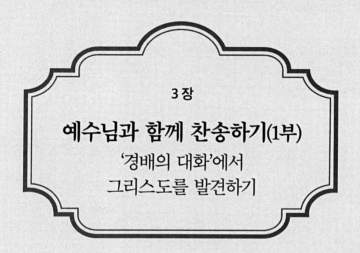

3 장

예수님과 함께 찬송하기(1부)

'경배의 대화'에서
그리스도를 발견하기

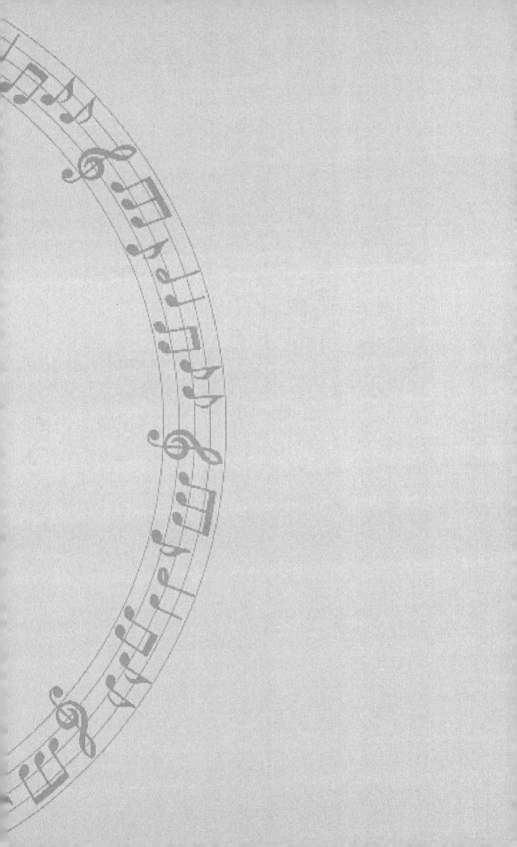

3장

예수님과 함께 찬송하기(1부):
'경배의 대화'에서 그리스도를 발견하기

영국에는 왕위 계승자들이 대관식 이후에 착석하는 왕좌가 있다. 얼핏 보기에 이 왕좌는 그리 인상적이지 않다. 한때는 금으로 도금되어 있었을지도 모르지만 이제는 도금된 금이 이미 다 사라져 버리고, 떡갈나무로 만들어진 뭉툭하고 칠이 벗겨진 의자만 남아있을 뿐이다. 거기에 이 왕좌는 몇 세기에 걸쳐 합창단 소년들과 관광객들이 새긴 이니셜로 인해 더 흉측해지고 말았다. 비록 왕좌 그 자체는 별로 볼품이 없을지 모르지만, 그 왕좌에 얽힌 역사는 매우 인상적이다. 영국의 대관식 왕좌는 1296년 에드워드 1세를 위해 만들어졌다. 그때부터 이 왕좌는 계속해서 잉글랜드와 영국의 통치자들의 대관식 왕좌로 쓰여 왔다. 1953년에 열린 엘리자베스 2세의 대관식에도 여왕은 그 자리를 지켰다.[36] 하지만 특히 인상 깊은 점은 바로 이 왕좌의 '크기' 다. 몇 년 전, 나는 웨스트민스터 사원에 방문했다. 그리고 에드워드 1세가 만든 이 왕좌 앞에 서 볼 기회를 가질 수 있었다. 나는 에드워드 왕의 덩치

---

[36] 에드워즈 왕의 왕좌에서 대관식을 행하지 않은 유일한 통치자는 메리 1세 여왕이다. 잉글랜드에 가톨릭 교회의 부흥을 일으키기 위한 노력의 일환으로, 메리 여왕은 교황이 제공한 왕좌에서 대관식을 행하기를 선택했다. 또 메리 2세 여왕은 에드워즈 왕의 왕좌를 복제한 의자에서 대관식을 행했다.

가 크지 않았을 것이라 생각한다. 하지만, 그를 위해 만든 왕좌는 지나치게 컸다! 엘리자베스 여왕의 대관식 사진을 본 적이 있는가(인터넷에 가면 손쉽게 찾을 수 있다)? 엘리자베스 여왕은 그 날 길게 늘어뜨린 예복을 입었음에도 그녀가 앉은 왕좌에는 여전히 많은 빈 공간이 있었다!

나는 에드워드 왕이 의도적으로 그 왕좌를 크게 제작했을 것이라 추측한다. 자신의 권세가 얼마나 큰지 나타내기 위해서 말이다. 이 왕좌가 에드워드 왕이나 다른 통치자들의 몸에 꼭 맞는 크기였을 것이라 보기는 힘들다.

에드워드 왕의 왕좌가 얼마나 큰 지를 보면서, 우리는 어쩌면 시편이 묘사하고 있는 '다윗 왕'의 위대함을 엿볼 수 있을지도 모른다. 다윗 자신이나 그의 사후에 즉위한 유다 왕국의 스물한 명의 왕들 모두는 시편이 말하고 있는 '다윗 왕'의 속성을 결코 충족할 수 없었다. 유다의 왕들은 차례대로 '다윗의 왕좌'에 앉았지만, 그 위대함에 '꼭 맞는 크기'는 아니었던 것이다.

하나님께서는 다윗 왕과 언약을 맺으시고, 다윗의 왕좌에 보편적이고 영원한 통치를 주시겠다고 약속하셨다. 고대 시대 당시 대제국을 세우기를 원했던 다른 왕들의 야망이 헛되다고 지적하시면서, 하나님께서는 다윗에게 말씀하셨다. "네가 어디를 가든지 내가 너와 함께 있어 네 모든 대적을 네 앞에서 멸하였은즉 세상에서 존귀한 자의 이름 같이 네 이름을 존귀케 만들어 주리라(삼상 7:9)." 다윗의 왕좌는 다른 모든 나라 위에 '뛰어난 이름'을 상속받을 것이었다(빌 2:9 참고). 하나님께서는 다윗 왕에게 또 맹세하셨다. "네 집과 네 나라가 내 앞에서 영원히 보전되고 네 왕위가 영원히 견고하리라(삼하 7:16)."

다윗의 왕좌에 대한 하나님의 목적은 다윗 왕이 실현시키기에 너무나 원대한 목적이었으며, 다윗 왕도 이를 알았다. "주 여호와여 나는 누구이오며 내 집은 무엇이기에 나를 여기까지 이르게 하셨나이까(삼하 7:18)." 다윗 왕의 이 기도는 단순히 겸손을 나타내는 기도가 아니었다. 다윗 왕의 이 기도는 하나님께서 그의 왕조를 통해 성취하실 일에 대한 경외의 표현이었다.

이러한 하나님의 약속에 대해 다윗 왕이 이해한 바는 그가 후손을 위해 지은 시편에도 영향을 주었다. 다윗은 자기 자신이 가지고 있던 도덕과 신앙의 틀 안에 꼭 맞아떨어지는 '작은 시편'을 짓지 않았다. 또한 그는 자신이 통치하던 작은 왕국을 바라보며 시편을 짓지도 않았다. 다윗 왕은 자신의 후손들 중 한 명이 언젠가는 성취하게 될 원대한 약속을 기반으로 자신의 왕조에 대한 광활한 이상을 바라보며 시편을 짓기 시작했다. 그 예로, 다윗이 지은 시편 2편 7~12절을 보라.

> 내가 여호와의 명령을 전하노라
> 여호와께서 내게 이르시되
> 너는 내 아들이라 오늘 내가 너를 낳았도다
> 내게 구하라 내가 이방 나라를 네 유업으로 주리니
> 네 소유가 땅 끝까지 이르리로다…
> 그런즉 군왕들아 너희는 지혜를 얻으며
> 세상의 재판관들아 너희는 교훈을 받을지어다…
> 그의 아들에게 입맞추라
> [즉, 다윗 혈통의 왕에게 복종하라]

또한, 시편 72편 8~17절을 보라.

> 그가 바다에서부터 바다까지와
> 강에서부터 땅 끝까지 다스리리니…
> 모든 왕이 그의 앞에 부복하며
> 모든 민족이 다 그를 섬기리로다…
> 사람들이 그로 말미암아 복을 받으리니
> 모든 민족이 다 그를 복되다 하리로다…

에드워드 왕의 왕좌처럼, 다윗 왕의 시편도 다윗 왕 그 자신이 충족할 수 있는 것보다 더 원대한 이상을 바라보면서 준비되었다. 하나님께서는 언젠가 그의 후손 중 한 사람이 이 원대한 목적을 성취한다는 약속으로 다윗 왕에게 확신을 주셨다.

신약 시대의 사도들 또한 이를 이해했다. 베드로가 오순절에 모인 무리에게 전한 설교를 기억해보라. 시편 16편을 인용하면서 베드로는 이렇게 설명하였다.

> 다윗이 그[그리스도]를 가리켜 이르되…
> 그[다윗]는 선지자라 하나님이 이미 맹세하사
> 그 자손 중에서 한 사람을 그 위에 앉게 하리라
> 하심을 알고 미리 본 고로 그리스도의 부활을 말하되
> 그가 음부에 버림이 되지 않고
> 그의 육신이 썩음을 당하지 아니하시리라 하더니
> (행 2:25, 30~31, 행 13:36~39의 바울의 말을 참고).

비록 그리스도께서 오시기 몇 세기 전에 기록되었지만 시편은 진정으로 그리스도의 찬송시였다.

많은 시편은 다윗 왕의 개인적인 경험을 토대로 작성되었다. 예를 들자면, 시편 3편은 "다윗이 그 아들 압살롬을 피할 때"(표제)에 기록되었고, 시편 18편은 "여호와께서 다윗을 그 모든 원수들의 손에서와 사울의 손에서 건져 주신 날"(표제)에 작성되었다. 그러나 이러한 시편들조차 단순히 다윗 왕의 경험만을 다시금 상기해보는 것 이상의 큰 의미를 가지고 있다. 예를 들면, 시편 18편의 후반부에 다윗 왕은 하나님께서 자신에게 호의를 베풀어 주신 이 경험은 '이방 나라들'에게 주는 교훈이라 고백한다. 동시에 훗날 자신의 후손이 성취하게 될 승리에 주의하라는 점도 고백한다.

여호와여 이러므로 내가 열방 중에서 주께 감사하며
주의 이름을 찬송하리이다
여호와께서 그 왕에게 큰 구원을 주시며
기름 부음 받은 자에게 인자를 베푸심이여
영원토록 다윗과 그 후손에게로다(시 18:49~50).

수 세기에 걸쳐 이스라엘 백성들은 이러한 기대에 부응하실 메시야를 기다리면서 시편을 찬송해왔다. 이 사실이 바로 예수님께서 오셨을 때에 제자들의 마음을 사로잡았던 이유 중에 하나였다. 제자들은 예수님께서 시편을 성취하시는 모습을 보며 놀라워했다.

요한은 예수님께서 성전에 들어가서 그곳에서 동물을 사고파는 것을 보시고 분노하셨던 일화를 들려준다. 그때 예수님은 그저 분노만 하시지 않았다. 예수님은 용감하고 권위있는 왕으로서 행동하셨다. "노끈으로 채찍을 만드사 양이나 소를 다 성전에서 내쫓으시고…(요 2:15)." 역사적으로 성전이 정결하게 지켜지도록 하는 일은 다윗 가문의 왕이 책임져야 할 일이었다(왕하 23:4 참고). 예수님께서 그 책임을 자신의 것으로 인식하시고, 돈 바꾸는 사람들과 그들의 가축을 모두 성전에서 내쫓으셨다. 그리고 그때에 예수님의 제자들은 그 즉시로 그곳에서 무슨 일이 벌어지고 있는지 인식했다. "제자들이 성경 말씀[시편]에 주의 전을 사모하는 열심이 나를 삼키리라 한 것을 기억하더라(요 2:17, 시 69:9 인용)." 시편 69편은 다윗 가문의 모든 왕들이 가지고 있는 하나님의 성전을 사모하는 열심에 대해 노래하고 있다. 바로 이 열심이 왕이신 예수님을 통해 성취되고 있었던 것이다.

공생애 사역의 끝자락에서 예수님이 십자가에 못 박혀 죽어가고 계실 때, 제자들은 다윗 언약에 대한 또 다른 시편이 예수님을 통해 성취되고 있는 것을 보았다. "제구시에 예수께서 크게 소리 지르시되 엘리 엘리 라마 사박

다니 하시니 이를 번역하면 나의 하나님 나의 하나님 어찌하여 나를 버리셨나이까 하는 뜻이라(막 15:34, 시 22:1 인용)." 십자가 위의 예수님은 그의 마지막 숨을 몰아쉬며 "다 이루었다"라고 외치셨고, 머리를 숙이시자 그분의 영혼이 돌아가셨다(요 19:31, 아마도 시 22:1을 시사). 제자들은 십자가 위에 달리신 예수님께서 시편 22편이 노래하고 있는 '고난 받는 왕'을 자신의 고통과 죽음으로 성취하시는 것을 보았다.

공생애 기간 동안의 예수님께서는 자신이 시편이 묘사하고 있는 왕, 다윗왕보다 더 위대한 왕이시라는 점을 드러내셨다. 예수님께서는 시편의 모든 면을 성취하셨다. 예수님은 다윗 왕조에 속한 선왕들 중 단 한 명도 수행하지 못했던 시편이 말하는 언약의 역할을 모두 수행하셨다. 왕이신 예수님은 그저 다윗의 유산을 이어 하나님의 백성들을 찬송으로 이끄시는 또 한 명의 다음 인물이 아니셨다. 예수님은 시편이 준비하던 그 대상, 바로 그 왕이셨다.

이번 장에서 나는 시편을 예수님의 시편으로 보는 이러한 이해가 어떻게 우리의 시편찬송에 영향을 주는지에 대해 계속해서 살펴보고자 한다. 가장 먼저 살펴보려는 바는 우리가 예수님의 찬송시를 예수님과 함께 찬송할 때에 참여하게 되는 '경배의 대화'라는 측면의 특성이다. 시편은 그저 예수님에 대한 교리 문답식의 노래가 아니다. 시편은 '예수님께서 중보하시는 경배'이다. 왜냐하면 우리가 시편을 찬송하며 경배할 때에 예수님도 우리와 함께 찬송하고 계시기 때문이다.

그리고 이어지는 다음 장에서는 얼핏 보기에 여전히 예수님의 찬송으로 비치지 않는 시편들에 대해 좀 더 자세하게 살펴볼 것이다. 이러한 예로 회개의 시편이 있다. 예수님께서는 우리와 함께 회개시를 부르고 계시는가? 이 두 장을 통해 독자들이 사도들과 동일한 시점을 가지고 시편을 왕이신 예수님의 찬송시로 바라보면서 부르게 되기를 소망한다.

'경배의 대화'로서의 시편

몇 년 전, 나는 내 아내와 함께 펠릭스 멘델스존(Felix Mendelssohn)의《엘리야》(Elijah)공연을 보러 갔다. 멘델스존의《엘리야》는 엘리야의 생애를 노래하는 오라토리오(Oratorio)이다.[37] 엘리야 역을 맡은 성악가는 단연 공연의 중심이다. 하지만 공연 내내 엘리야 역을 맡은 독주자와 다른 성악가들 사이에는 수많은 대화가 오고 간다. 예를 들어, 갈멜산에서의 대결(왕상 18:1~40 참고)을 묘사하는 부분에서 다음과 같은 대화가 펼쳐진다.

〈엘리야가 백성들에게〉
… 너희는 하나님의 계명을 어겼도다
너희는 바알을 좇았도다
이제 보내거라 내게로 모으거라
갈멜산으로 모든 이스라엘을
그러면 어느 신이 주님이신지를 알 것이다

〈백성들이 엘리야에게〉
그러면 어느 신이 주님이신지를 알 것이다…
그렇다 불로 응답하는 신이 바로 주님이시다…

[대결의 끝에]

〈백성들이 자신들에게〉
불이 하늘에서 내려오는구나!
화염이 제물을 불사르는구나!
그분 앞에 너희는 엎드려라!

---

37) 오라토리오는 성악의 일종으로 배우의 연기는 없지만 공연 내내 줄거리가 있는 곡들로 구성된다. 저자가 언급하는 멘델스존의 〈엘리야〉를 대표적인 예로 들수 있다. (옮긴이 주)

주님은 하나님, 주님은 하나님!

오, 이스라엘아, 들거라!

우리 하나님은 한 분 주님이시다!

그리고 주님 외에 다른 신은 없다!

물론 시편은 오라토리오 《엘리야》와 같은 이야기 형식으로 기록되지 않았다. 시편은 대화 형식으로 구성되어 있다. 시편은 언제나 중심에 있는 왕이 우리의 경배를 중보하는 대화와도 같다. 하지만 시편에서의 왕은 때때로 자신의 백성들에게 말을 건넨다. 때때로 왕은 백성들을 이끌고 하나님 앞으로 나아간다. 때때로 백성들은 왕에게 노래한다. 어떠한 때에는 왕에 대해서 하나님께 노래하거나, 왕 앞에서 서로가 서로에게 노래한다. 이렇듯 시편은 '경배의 대화'를 노래하는 다양한 화자들로 가득 차 있으며, 그 중심에는 언제나 언약의 왕이 있다.

이 책의 전반부에서 나는 예배를 실력있는 독주자가 이끄는 성가대로 비유했다. 이쯤에서 우리는 이 비유를 보완해야 할 필요가 있다. 시편은 단순하게 왕이 이끌고 백성들이 '함께 따라 부르는,' 마치 여러 명의 개별 연주가들을 모아놓은 것과는 다르다. 시편은 그리스도가 인도하고, 그리스도를 중심으로 삼는 '경배시'이지만, 시편에는 대화적인 측면이 존재한다. 위에서 언급했던 오라토리오와는 다르게 말이다.

근래의 악보에는 작사자 또는 작곡가의 표시를 통해 어디서 한 목소리가 끝나고 또 다른 목소리가 시작하는지를 알 수 있다. 위에서 인용한 멜델스존의 《엘리야》의 한 부분처럼 말이다. 그 누구도 '엘리야가 백성들에게'라고 적혀있는 표시를 노래하지 않는다. 이 표시는 단지 그 다음에 이어지는 가사를 누가 노래하는지를 성악가에게 알려주고자 적은 말에 불과하다. 그러나 고대 시대의 음악에는 이러한 표기가 존재하지 않았다. 어디서 화자가 바꾸는지 아가서에 표시되지 않은 것처럼 말이다. 당시 성악가들은 그냥 어디에서 목소리가 바뀌는지 인지하고 있어야만 했다.

하지만 시편에는 어느 지점에서 누구의 목소리가 더 높아지는지를 알 수 있는 단서가 있다. 조금만 주의를 기울이면, 우리를 이끄는 '경배의 대화'를 인식하면서 시편을 찬송할 수 있다. 몇 가지 예를 보기 전에 두 가지 점을 짚어보도록 하자.

먼저, 예수님은 사람이신 왕으로서 우리의 시편찬송을 이끄신다. 예수님은 단지 사람만이 아니시다. 예수님은 완전하신 하나님이기도 하다. 예수님은 언제나 변함없이 하나님이셨다(요 1:1, 8:56~58, 12:41). 그러나 이미 하나님이셨던 예수님께서 육체를 입으신 이유는 바로 완전한 사람이 되시기 위해서였다. 우리는 하나님 앞에서 우리를 대표할 완벽하고 의로운 사람을 필요로 했다. 원래 아담이야말로 인류 전체를 하나님 앞으로 이끌고 가야 할 사람이어야 했지만, 그는 실패하고 말았다. 다윗과 그의 후손은 암시만 할 수 있었지, 결코 우리를 하나님 앞으로 이끌어줄 완벽하고 의로운 사람이 될 수는 없었다. 그러나 하나님이신 예수님께서는 그 역할을 성취하시기 위해서 자신을 낮추시고 사람이 되셨다. 하나님인 동시에 사람이신 예수님은 우리에게 하나님을 나타내 보이실 뿐만 아니라, 우리를 하나님께로 이끄시는 진정한 '중보자'셨다. 완벽한 사람으로서 예수님은 우리의 기도를 중보하시고, 우리의 경배를 인도하시는 역할을 맡으셨다(빌 2:6~11, 히 2:10~18, 창 3:15, 단 7:13~14, 막 2:10, 28, 행 17:31, 롬 5:17).

하나님이신 예수님은 시편에서 우리의 예배를 받으신다. 이러한 '예배시'를 찬송하면서 우리는 삼위 하나님의 모든 위격, 즉 성부 하나님, 성자 하나님, 성령 하나님께 우리의 경배를 바친다. 그럼에도 우리는 시편에서 사람이시자 중보하시는 왕이신 예수님이 그 경배를 하나님께 직접 드리고 동시에 우리 역시 하나님께 경배하도록 인도하시는 것을 본다. 이 점이 바로 예수님의 놀라운 성육신이다.

> … 그러므로 형제라 부르시기를
> 부끄러워하지 아니하시고 이르시되
> 내가 주의 이름을 내 형제들에게 선포하고
> 내가 주를 교회 중에서 찬송하리라 하셨으며…
> 그러므로 그가 범사에 형제들과 같이 되심이 마땅하도다
> 이는 하나님의 일에 자비하고 신실한 대제사장이 되어…
> (히 2:11~18, 롬 15:9 참고).

이제 우리는 몇 가지 예를 통해 시편을 찬송하시는 왕이 어떻게 자신의 백성들과 스스로를 동일시하며, 그들을 하나님을 향한 경배로 이끄는지를 주의해서 살펴보고자 한다. 우리는 절대로 그리스도의 신성을 부인하지 않는다. 분명히 그리스도는 시편 안에서 예배를 받으시는 하나님이시다. 하지만 예수님의 성육신을 통해 온전한 복을 누리려면, 우리는 반드시 예수님의 인성 또한 기억해야 한다. 특별히 예수님은 자신의 인성을 통해 '교회 중에'서서 우리의 어려움과 슬픔을 짊어지시면서 하나님께 바치는 완전한 경배 안으로 우리를 이끌어 주신다.

둘째로, 내가 선택한 예시들에 대해서 몇 마디 하겠다. 우리는 150편의 시편 중 아무 시편이나 골라서 시편의 대화적인 성격에 대해 살펴볼 수도 있을 것이다. 그러나 단순성을 위해 나는 신약의 기자들이 예수님의 시편이라고 분명하게 해석하고 있는 시편만을 집중적으로 다루겠다.

신약은 수많은 시편을 예수님의 시편으로 인용하고 있다.[38] 어떤 학자들은 신약에서 예수님에 대한 시편 인용이라고 구체적으로 언급한 시편만을 '메시야 시편'(혹은 예수님의 시편)으로 간주해야 한다고 주장한다. 내가 보기

---

38) 상대적으로 적게 집계한 목록을 원한다면, R. 벨처의 《Messiah and the Psalms》, 35~36쪽을 보라.

에 이러한 주장은 너무 경직되어 있다. 나는 리처드 벨처(Richard P. Jr Belch-er)의 말에 동의한다. "[신약]이 몇몇 시편을 예수님의 입술에서 나온 것으로 보고 있다는 사실은 시편 전체를 우리의 중보자로서의 역할을 수행하시는 그리스도의 시편으로 이해할 수 있는 근간을 마련해준다."[39)

신약 성경의 저자들은 히브리 예언서의 특정 부분을 인용함으로써 구약의 모든 예언이 그리스도를 가리키고 있다는 것을 우리에게 보여준다. 또한 이 저자들이 율법의 특정 부분을 인용함으로써 모든 율법이 그리스도 안에서 이루어졌다는 점을 우리에게 보여준다. 이와 같이, 신약 성경의 저자들은 특정 시편을 인용함으로써 모든 시편이 예수님 안에서 성취되고 실현되었다는 것을 우리에게 보여주고 있다(눅 24:44 참고).

그럼에도 불구하고, 내가 어떤 임의의 시편을 예로 들게 될 때에는 그 시편이 정말로 예수님에 대한 시편인지 확신이 서지 않는 독자들도 있을 수 있다. 그렇기 때문에 모든 의심을 불식시키고자 나는 선택의 폭을 제한하여 신약 성경이 구체적으로 예수님에 대한 것이라고 인용하고 있는 시편만을 다루도록 하겠다. 그렇게 함으로써 여러분은 내가 예로 든 시편이 정말로 예수님께서 이끄시는 '경배의 대화'의 예라는 사실을 확신하고 안도할 수 있을 것이다. 그리고 나는 이 시편들을 공부하면서 어떻게 그 분이 중보하시는 모든 시편들이 우리의 마음을 하늘나라와의 관계에 참여하게 하시는지를 알고, 그것을 이해하는 일에 성장하기를 소망한다.

그리스도께서 이끄시는 대화로서의 시편

첫 번째 예로 드는 시편들을 통해 우리는 **하나님께 대한 왕의 노래**를 들

---

39) R. 벨처,《Messiah and the Psalms》, 38쪽.

게 될 것이다. 이 시편들에서 왕은 시편의 '나'이며, 하나님 아버지는 왕이 말하는 '주'이시다.[40] 예를 들자면, (요한복음 2장 17절과 로마서 15장 3절에서 예수님에게 적용된) 시편 69편 9절에서 왕은 하나님께 "주의 집을 위하는 열성이 나를 삼키고 주를 비방하는 비방이 내게 미쳤나이다"라고 노래한다. 본문에서 화자가 되는 왕은 하나님의 집을 위한 거룩에 대하여 자신의 의지를 표현하고 있다. 오늘날의 회중이 이 시편을 찬송할 때는 그저 하나님의 집을 향한 우리 자신의 열성을 고백하는데 그치지 않는다. 그러므로 우리는 하나님의 집을 수호하시는 분으로서 우리 가운데 계신 예수님의 헌신을 기뻐해야 한다.

또 다른 예는 (히브리서 2장 12절에서 왕이신 예수님께 적용하는) 시편 22장 22절이다. 왕은 자신의 백성들에게 하나님의 영광을 나타내기로 약속을 하며 다음과 같이 노래한다. "내가 주의 이름을 형제에게 선포하고 회중 가운데에서 주를 찬송하리이다." 이 시편을 찬송할 때 우리는 단순히 하나님의 이름을 높이겠다는 우리의 의지를 고백하는 수준에서 멈추지 않는다. 우리는 다윗의 아들이신 그리스도께서 그의 백성들에게 하나님 아버지를 완전하게 나타내시는 분이시라는 점을 인정하는 것이다. 우리는 그렇게 기쁨으로 예수님과 함께 하나님의 영광을 전한다.

시편 기자는 위의 시편들과 더불어 다른 많은 곳에서도 우리 가운데서 하나님을 함께 경배하시는 예수님과 그 예수님이 아버지 하나님께 드리는 고백을 기록한다.[41]

때때로 시편은 **우리에 대한 왕의 노래**를 들려주기도 한다. 예를 들면, 시

---

40) 학자들 사이에는 시편에 나타나는 화자의 정체에 대한 활발한 논의가 진행되고 있다. 물론 다른 견해도 때때로 개진되긴 하지만, 대다수의 학자들은 시편의 화자를 백성들의 대표로서 행동하는 왕으로 보고 있다. 왜냐하면 고대 근동의 왕들은 대개 이런 종류의 대표로서의 역할을 자처했기 때문이다. 모빙켈, 《Psalms in Israel's Worship》, 3, 7~8장, J. 이튼, 《Kingship and the Psalms》, J. 그랜트, "The Psalms and the King" 참고.

41) 시 16:8~11/행 2:25~28, 13:35, 시 22:1/마 27:46, 막 15:34, 시 22:18/요 19:24, 시 31:5/눅 23:46, 시 35:19/요 15:25, 시 40:6~7/히 10:5~7, 시 41:9/요 13:18, 시 69:4/요 15:25, 시 69:21/마 27:34, 막 15:23, 눅 23:36, 요 19:28~30, 시 69:25/행 1:20, 시 102:25~26/히 1:10~12, 시 109:8/행 1:20 참고.

편 37편에서는 찬양 인도자가 다음과 같이 회중을 권면한다.

> 악을 행하는 자들 때문에 불평하지 말며
> 불의를 행하는 자들을 시기하지 말지어다…
> 여호와를 의뢰하고 선을 행하라 땅에 머무는 동안
> 그의 성실을 먹을 거리로 삼을지어다…
> 잠시 후에는 악인이 없어지리니…
> 그러나 온유한 자들은 땅을 차지하며…

이 시편에서 다윗 왕은 하나님의 신실하심에 대해 증언한다. 다윗 왕은 하나님의 백성들을 다스렸던 자신의 경험을 통해 하나님께서 그의 자녀들을 신실하게 돌보신다는 점을 깨닫게 되었다. 그래서 다윗 왕은 그 곳에 모인 회중과 함께 자신의 간증을 노래한다. 하지만 이제는 다윗 왕이 아닌 예수님께서 이 고백을 노래하신다(마 5:5, 시 37:11이 예수님께 적용됨). 예수님께서는 이 시편에서 온유한 자에 대한 하늘나라의 신실함을 우리에게 증언하신다.

이러한 시편찬송을 회중 가운데 부를 때 우리는 더욱 귀를 기울이며 노래해야 한다. 이 시편들은 우리에게 주어지는 위로의 말씀이기 때문이다. 이 시편들은 그저 (우리의 귓가에서 노래하는) 다른 신자들이 우리에게 주는 권면도 아니며, 또한 (시편 37편을 기록한) 다윗 왕이 우리에게 주는 권면도 아니다. 그리스도께서는 하나님 아버지의 지극한 신실하심을 직접 경험하셨다. 그리고 이제 시편 37편을 통해서 우리에게 그 신실하심을 증언하고 계신다. 왕이신 예수님이 시편을 통해 우리에게 말씀하시고 계신다(시 2:1~2/행 3:25~26, 시 78:2/마 13:35).

이제까지 우리는 하나님께 노래하는 왕의 시편과 우리를 향해 노래하는 왕의 시편에 대한 예를 살펴보았다. 다음으로 살펴볼 것은, 시편 속에서 회중이 하나님께 노래하는 가사, 다시 말해서 **하나님을 향한 백성들의 노래**이다. 이에 대한 훌륭한 예는 시편 89편이다.

시편 89편은 아마도 바벨론이 유다를 정복하고 난 이후에 기록되었을 것이다. 바벨론 사람들은 성전을 파괴했다. 또한 그들은 예루살렘을 통치하는 다윗의 마지막 후손인 시드기야 왕을 폐위하였다. 사무엘하 7장 12~16절에서 하나님께서는 다윗에게 "…내가 네 몸에서 날 네 씨를 네 뒤에 세워… 그가 만일 죄를 범하면 내가 사람의 매와 인생의 채찍으로 징계하려니와… 네 집과 네 나라가 내 앞에서 영원히 보전되고 네 왕위가 영원히 견고하리라 하셨다 하라"라고 약속하셨다. 시편 89편은 다윗에게 이처럼 약속하신 하나님의 인자하심과 성실하심을 노래하며(1절), (유다가 바벨론의 정복을 통해 경험했던 것처럼) 동시에 다윗의 자손들이 반역할 경우 그들을 징계할 것이라는 하나님의 약속을 인정하고, 또한 다윗의 혈통 가운데 다시 새로운 왕을 일으키실 것이라는 하나님의 약속을 붙잡도록 한다.

시편 89편을 통해 회중은 약속 받은 왕 주변에 모여 (그가 오시기를 고대하면서) 하나님께 그 왕에 대해 노래한다.

> 그 때에 주께서 환상 중에 주의 성도들에게 말씀하여
> 이르시기를[하나님께서 다윗 왕에서 주신 언약을 말함]
> 내가… 백성들 중에서 택함 받은 자를 높였으되…
> 내가 또 그를 장자로 삼고
> 세상 왕들에게 지존자가 되게 하며…
> 내가 나의 거룩함으로 한 번 맹세하였은즉
> 다윗에게 거짓말을 하지 아니할 것이라
> 그의 후손이 장구하고
> 그의 왕위는 해 같이 내 앞에 항상 있으며
> 또 궁창의 확실한 증인인 달 같이
> 영원히 견고하게 되리라 하셨도다.

신약에 와서 우리는 시편 89편이 "[하나님의] 장자," 또는 "세상 왕들"의 "지존자"로 칭송되던 그 약속의 왕이 바로 예수님이셨다는 사실을 깨닫게 된다. 다윗의 자손이 이 땅에 오셨다. 그분은 '큰 왕좌'를 취하셨다. 오늘날 시편 89편을 부르면서 우리는 이 시편의 소망이 실현되었다는 사실에 기뻐하고, 온 땅 위에 메시야의 통치가 마침내 완전하게 성취될 것을 고대한다.

이 시편들에서 왕은 하나님 아버지와 우리의 관계를 중보하는 중심적인 인물이다. 그럼에도 불구하고, 이 시편들을 통해 회중은 하나님께 노래한다.[42]

회중이 왕에 대한 노래를 하나님께 드리는 예에 더하여, 시편은 또한 왕을 향한 백성들의 노래를 들려준다. 시편 110편이 이에 대한 흥미로운 예가 된다. 이 시편에서 회중은 한 부분에서는 왕에 대해 하나님께 노래하지만 또 다른 부분에서는 왕께 직접 노래한다.

시편 110편의 전반부(1~4절)에서 백성들은 하나님의 우편에 앉도록 높임을 받은 왕에게 노래한다.

> 여호와[하나님]께서 내 주[왕]에게 말씀하시기를
> 내가 네 원수들로 네 발판이 되게 하기까지
> 너는 내 오른쪽에 앉아 있으라 하셨도다
> 여호와께서 시온에서부터
> 주의[왕의] 권능의 규를 내보내시리니
> 주는 원수들 중에서 다스리소서…
> 주의[왕의] 백성들이…
> [왕을 섬기메 즐거이 헌신하나…

시편 110편이 시작하면서 하나님께서 그가 즐거워 하시는 왕에게 교훈하

---

42) 시 8:2/마 21:16, 시 8:4~6/히 2:6~8, 시 118:26/마 21:9, 23:39, 막 11:9, 눅 13:35, 19:38, 요 12:13, 시 132:11/행 2:30 참고.

시는 것을 주목해 보라. 그리고 나서 회중은 그러한 하나님의 교훈을 바탕
으로 왕께 노래하기 시작한다. 백성들은 왕의 권능의 규(홀)와 확실한 승리
를 기뻐한다. 그렇게 회중을 이끌도록 기름 부음을 받은 왕께 노래하는 장
면이다. 하지만 5절로 넘어와서 시편 110편은 회중이 그 왕의 사역에 대하여
하나님께 노래하는 장면으로 바뀐다.[43]

> 주[하나님]의 오른쪽에 계신 주[왕]께서
> 그의 노하시는 날에 왕들을 쳐서 깨뜨리실 것이라
> [왕께서] 뭇 나라를 심판하여…

왕이신 예수님께서 이 시편의 중심에 계신다. 예수님께서 누가복음 20장
41~43절에서 설명하시는 바와 같이, 다윗 왕은 이 시편의 위대함을 결코 성
취하지 못했다. 다윗 왕은 앞으로 오실 자신의 위대한 후손을 생각하면서
이 시편을 기록하였다. 그리고 신약의 사도들은 이 시편이 예수님에 대한 시
라는 사실을 알아차렸다(마 22:44, 막 12:36, 눅 20:42, 행 2:34, 고전 15:25, 엡 1:22,
히 1:13, 5:6, 7:17, 21, 10:12). 오늘날의 우리는 시편 110편을 찬송하면서 그리스
도께 노래하고(1~4절), 그리스도에 대한 것을 하나님 아버지께 노래하는(5~7
절) 대화에 참여하게 된다. 이렇게 이 시편의 전반부는 회중이 왕을 향해 노
래하는 예시를 보여준다(시 45:6~7/히 1:8~9, 시 68:18/엡 4:8 참고).

한 가지 예를 더 들어보자. 이미 설명한 여러 '대화의 방향'과 함께 시편은
또한 **서로를 향한 백성들의 노래**를 들려준다.

시편 118편이 좋은 예가 된다. 예수님께서는 십자가에 달리시기 일주일 전
에 이 시편을 자신에 적용하며 인용하신다. "너희가 성경에 건축자들이 버린

---

43) 이러한 방향 전환을 알려주는 편집자의 주는 없다. 그럼에도 불구하고 1~4절이 '여호와의 오른쪽에 앉
아 계신' '주'(아도나이)께 노래하고 있다면, 5~7절은 '주'(아도나이)라고 불리는 분과 아도나이의 '오른쪽
에 계신' 분에 대하여 말하고 있다.

돌이 모퉁이의 머릿돌이 되었나니 이것은 주로 말미암아 된 것이요 우리 눈에 기이하도다 함을 읽어 본 일이 없느냐"(마 21:42, 시편 118:22~23 인용, 막 12:10~11, 눅 20:17, 행 4:11, 벧전 2:7 참고). 예수님은 시편 118편이 말하고 있는 "건축자들이 버린 돌"이시다.

　자, 이제 시편 118편에서 인용된 이 부분을 그 당시의 문맥으로 살펴보도록 하자.

> 건축자가 버린 돌이
> 집 모퉁이의 머릿돌이 되었나니
> 이는 여호와께서 행하신 것이요
> 우리 눈에 기이한 바로다
> 이 날은 여호와께서 정하신 것이라
> 이 날에 우리가 즐거워하고 기뻐하리로다.

　시편 118편의 이 부분은 백성들이 서로를 권면하는 내용이다. 회중은 사람들이 버린 머릿돌을 가지고 '우리 눈 앞에서' 행하시는 하나님의 기이한 일을 찬송한다. 이 부분은 예수님에 대한 시편이 가지는 '경배의 대화' 중 서로를 향한 백성들의 노래의 사례이다.

　사실 시편 118편은 우리가 지금까지 살펴보았던 '경배의 대화'에 대한 여러 가지 면의 본보기를 제공한다. 이 시편의 처음 두 부분(1~4절과 5~20절)에서는 찬송을 인도하는 왕이 그의 백성들에게 노래한다(왕 → 백성). 먼저는 왕이 그와 함께 백성들이 찬송하도록 백성들을 부른다.

> 여호와께 감사하라 저는 선하시며 그 인자하심이 영원함이로다
> 이제 이스라엘은 말하기를 그 인자하심이 영원하다 할지로다
> 이제 아론의 집은 말하기를 그 인자하심이 영원하다 할지로다

이제 여호와를 경외하는 자는 말하기를
그 인자하심이 영원하다 할지로다.

  이어지는 두 번째 부분(5~20절)에서 왕은 백성들을 향해 하나님께서 자신에게 주실 확실한 승리에 대해 증거한다. 비록 강력한 적군이 자신을 에워싸고 자신의 일을 훼방하려 하고 있지만, 왕은 완전한 승리를 확신하고 있다. 왜냐하면 그는 하나님과 완전하고 사랑으로 가득한 관계를 맺고 있기 때문이다.

여호와는 내 편이시라 내게 두려움이 없나니
사람이 내게 어찌할꼬…
그러므로 나를 미워하는 자들에게
보응하시는 것을 내가 보리로다…
뭇 나라가 나를 에워쌌으니…
내가 죽지 않고 살아서
여호와의 행사를 선포하리로다.

  이 시편의 21절에서 왕은 하나님 아버지께 얼굴을 돌려 기도의 시를 노래한다(왕 → 하나님).

주께서 내게 응답하시고 나의 구원이 되셨으니
내가 주께 감사하리이다.

  이 기도와 함께 이 시편에서 왕의 목소리가 두드러지는 부분이 끝난다. 그리고 본문의 다음 부분(22~24절)은 회중이 목소리를 높여 믿음의 찬송을 부르며 왕의 믿음에 화답한다. 먼저, 회중은 서로에게 노래하며(백성 → 백성), 고난 중에서도 승리하는 왕을 통해 이루시는 하나님의 기이한 일을 기뻐한다.

> 건축자가 버린 돌이
> 집 모퉁이의 머릿돌이 되었나니…
> 이 날은 여호와께서 정하신 것이라
> 이 날에 우리가 즐거워하고 기뻐하리로다.

그리고 25절에서 회중은 하나님께 얼굴을 돌려 왕의 기도문(21절)과 비슷한 기도의 시를 노래한다(백성 → 하나님).

> 여호와여 구하옵나니 이제 구원하소서
> 여호와여 우리가 구하옵나니 이제 형통하게 하소서.

이제 이 시편의 마지막(26~29절)에서는 회중이 왕에게 노래하다가(백성 → 왕), 서로에게 노래하고(백성 → 백성), 그 이후에 왕이 하나님께 찬송하고(왕 → 하나님), 끝으로는 시편의 처음 시작과 동일하게 회중을 부르는 시(왕 → 백성)로 구성된다. 이렇게 시편 118편은 계속해서 변화하는 목소리를 들려준다.

> 〈백성들이 왕에게〉[44]
> 여호와의 이름으로 오는 자가 복이 있음이여
> 우리가 여호와의 집에서 너희를 축복하였도다.

> 〈백성들이 서로에게〉
> 여호와는 하나님이시라
> 그가 우리에게 빛을 비추셨으니
> 밧줄로 절기 제물을 제단 뿔에 맬지어다.

---

44) 왕에게 백성들이 노래하는 이 부분은 십자가에 달리시기 일주일 전에 나귀를 타고 예루살렘에 입성하시는 예수님을 맞이하며 무리가 찬송할 때 마태가 인용한 구절이라는 것을 주목하라.

〈왕이 하나님께〉
주는 나의 하나님이시라 내가 주께 감사하리이다
주는 나의 하나님이시라 내가 주를 높이리이다.

〈왕이 백성들에게〉 **(1절 참고)**
여호와께 감사하라 그는 선하시며
그의 인자하심이 영원함이로다.

이같이 시편 118편은 시편에서 가능한 풍성한 대화에 대한 한 예를 보여 준다. 그리고 이러한 '경배의 대화'야말로 시편찬송을 사람에 의해 작사된 현대 찬송과 구별짓는 독특한 특징 중 하나이다. 또한 '경배의 대화'는 우리로 하여금 시편 150편 전 곡을 찬송하는 복을 다시 배워야하는 이유들 중 하나이기도 하다. 시편의 후렴구만 찬송하거나 전체 문맥에서 동떨어진 작은 부분만 찬송해서는 시편 150편 전 곡에 걸쳐 진행되는 '대화'를 따라갈 수 없다.

위에서 살펴본 대화의 방향(왕 → 하나님, 왕 → 백성, 백성 → 하나님, 백성 → 왕, 백성 → 백성) 이외에도, 어떤 시편에서는 하나님께서 우리에게 노래하시고 (하나님 → 백성, 시 89:20. 행 13:22 참고), 다른 곳에서는 하나님께서 왕에게 노래하시기도 한다(하나님 → 왕, 시 2:10~11/빌 2:10, 12). 또한, 때로는 우리나 왕이 세상에게 노래하고, 하나님께서 세상을 향해 노래하시기도 한다(하나님/왕/우리 → 세상, 시 2:10~11/빌 2:10, 12).

이러한 '경배의 대화'안에서 그리스도를 중심으로 하는 언약 관계의 각 방향이 드러난다. 성전에서 시편을 부르는 동안, 왕이 부르는 부분은 실제로 왕이 노래했고, 회중이 부르는 부분은 실제로 회중이 노래했을 것이다. 어쩌면 백성들에게 대한 하나님의 말씀 부분 역시 왕이 노래했을지 모른다. 아니면, 선지자들이 그 부분을 노래했을 수도 있을 것이다. 그 당시 사람들이 이 시편들을 부르면서 이러한 다양한 목소리가 정확히 어떠한 방식으로 불려졌는지는 불분명하다. 하지만 한 가지 분명한 건 이렇게 역동적인 대화가 시편을 이루는 한 부분이었다는 점이다.

　오늘날의 시편찬송에서는 우리 가운데 계신 그리스도가 노래하시는 부분을 귀로 듣지 않는다. 물론 하나님께서 우리 귀에 들리도록 직접적으로 노래하시는 것도 아니다. 그럼에도 불구하고, 회중이 그리스도 이름 안에서 예배를 위해 모일 때, 그리스도는 우리와 함께 우리 가운데 계실 것을 약속하셨다(마 18:20). 그리고 회중이 예배 중에 다윗의 위대한 자손이신 예수님의 시편을 가지고 찬송할 때에 그리스도는 우리와 함께 하나님 앞에서 찬송하신다.

　(다른 인용 구절들을 포함해서) 지금까지의 설명은 신약 성경이 구체적으로 예수님에 대한 것이라고 인용하는 시편들만을 예시로 들었다는 점을 기억하라. 신약은 시편의 '경배의 대화' 안에서 그리스도를 발견하도록 우리를 가르친다. 비록 우리가 그리스도의 목소리를 직접 들을 수는 없지만, 우리 가운데 계신 예수님은 그의 백성들과 함께 시편을 찬송하신다.

　시편에서 화자가 자꾸 바뀐다는 점도 아마 복잡하게 들릴 것이다. 실제로 복잡한 측면이 없지 않다고 생각한다. 그러나 이러한 복잡함이 바로 시편을 생동력 있고, 관계적이게 만든다. 낯설다고 해서 시편의 이러한 요소들을 무시해서 안 된다. 특정 시편을 분석하면서 화자가 자꾸 바뀌는 그림이 복잡할 수는 있지만, 시편찬송가를 들고 시편을 찬송하게 되면 그 원리 자체는 그리 어렵지 않다.

　시편은 기쁨을 가지고 단순하게 부를 수 있도록 기록되었다. 자동차의 (단순하게 생긴) 보닛 아래에 복잡한 장치들이 들어 있는 것처럼, 기록된 목적에 따라 시편 안에서는 우리가 정확히는 알지 못할지라도 우리를 위해 많은

일이 벌어지고 있다. 자동차를 운전할 때 보닛 아래에서 무슨 일이 일어나는
지를 알면 도움이 되긴 하겠지만, 그렇다고 꼭 자동차 정비사가 되어야만
자동차를 운전할 수 있는 것은 아니다. 마찬가지로, 시편을 부를 때에도 언
제나 하던 찬송을 멈추고 시편의 어느 부분에서 언약의 대화가 어느 방향
을 향하고 있는지를 반드시 알아야만 할 필요는 없다.

  시편의 어떤 부분에서는 화자의 정체가 분명할 것이다. 또 어떤 부분에서
는 누가 화자인지를 파악하는 것이 쉽지 않을 수도 있다. 솔직히 말해서, 우
리가 예수님과 함께 찬송하는 이유 중 하나는 바로 예수님께서 우리의 어려
움을 그분의 목소리로 짊어지시고, 그분의 승리를 우리의 승리로 만들어주
시는 데에 있다. 다른 말로 하자면, 시편의 일인칭인 '나'가 왕을 의도하며
"내가 죽지 않고 살아서 여호와께서 하시는 일을 선포하리로다"라고 노래한
다 해도, 여러분과 나는 그 소망을 우리 자신의 소망으로 주장해야 하는 것
이다. 예수님 안에서 시편의 '나'로 우리 자신을 대입하는 것이다.

  "시편에서 다윗이 한 말은 자기 자신에게, 온 이스라엘에게, 모든 세대에 적
용된다"라는 유대 격언이 있다.[45] 맞는 말이다. 다윗은 하나님의 은혜를 자
신의 직접적인 경험을 배경으로 시편 안에 기록하였다. 그러나 다윗이 기록
한 시편은 그와 함께하는 하나님의 모든 백성들의 경험이기도 하다. 또한
다윗이 기록한 시편은 모든 세대에 걸쳐 약속된 왕(그리스도)과 그의 백성들
(그의 교회)을 위한 경배의 찬송이기도 하다. 나는 지금까지 시편 속에 숨어있
는 대화의 화자를 분명하게 밝히고자 했다. 이제부터는 그 화자들을 또 다
시 섞으려고 한다. 아주 조금만 말이다. 시편찬송을 하는 이유 중 하나는
찬송을 하면서 본문을 분석하는 데 있지 않다. 그렇지만 본문을 분석하면
서 우리를 이끄는 '경배의 대화'를 인식하는 수준이 높아지게 된다면, 여러분
은 지금보다 더 깊은 의미를 가지고 시편을 찬송하게 될 것이고, 그 결과 더

---

45) 시편 18편에 대한 《Midrash Tehillim》에서 인용.

큰 기쁨과 보람을 느끼게 될 것이다. 다윗의 자손이신 예수님의 찬송가인 시편을 집어 들며, 여러분은 신자로서 그분과 언약적인 관계 안으로 들어가게 된다. 예수님은 그 곳에서 여러분을 만나주신다. 예수님은 하나님과 그의 백성들, 그리고 세상 앞에서 펼쳐지는 '경배의 대화' 속으로 여러분을 이끄신다.

　이러한 이해를 가지고 시편을 찬송하게 되면, 우리는 더 풍성한 열매를 맛볼 수 있게 된다. 바울도 우리에게 대화하듯이 찬송하라고 권면하였다. "그리스도의 말씀이 너희 속에 [왕의 말씀이 우리 가운데] 풍성히 거하여 [서로에게] 모든 지혜로 피차 가르치며 권면하고 [그리스도와 함께 하나님께] 시와 찬송과 신령한 노래를 부르며 감사하는 마음으로 하나님을 찬양하고"(골 3:16).

시편에 나타나는 '경배의 대화'에 대한 여러분의 인식을 날카롭게 하는 좋은 방법은 바로 여러 시편을 개인적으로 공부하면서 어떻게 화자가 변하는지를 살펴보는 것이다. 이런 방식으로 연구할 때 모든 시편을 살펴보겠다고 결심하지는 말라(그렇게 하는 것은 맘모스와 같은 크기의 작업을 하는 것이다!). 먼저 여러분이 좋아하는 시편 세 편이나 네 편을 고르라. 다음 주나 언제든지 개인 경건 시간을 가질 때, 여러분이 선택한 시편들을 천천히 읽으면서 직접적이든, 간접적이든 화자와 청자의 변화에 주목해 보라. 좋은 시편 주석을 참고하는 것도 도움이 될 것이다.

시편찬송을 시작하라. 시편을 찬송하면서 시편은 그리스도의 중보를 중심으로 하는 관계의 연습이라는 일반적인 원리를 기억하라. 환언하면, 시편을 찬송하면서 여러분과 다른 신자들, 그리고 삼위 하나님 사이에서 일어나는 '경배의 대화'에 주목해보라.

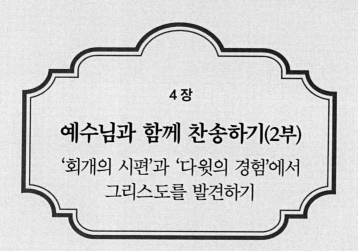

4 장

예수님과 함께 찬송하기(2부)

'회개의 시편'과 '다윗의 경험'에서 그리스도를 발견하기

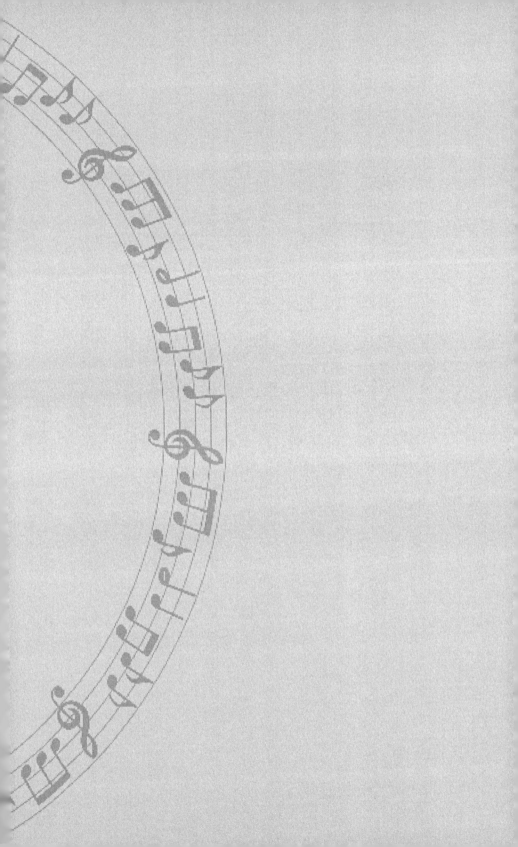

4장

예수님과 함께 찬송하기(2부):
'회개의 시편'과 '다윗의 경험'에서 그리스도를 발견하기

마가렛 윌슨(Margaret Wilson)은 스코틀랜드에서 '킬링 타임(killing Times)[46]이라고 불리던 시대에 살았던 젊은 여성이었다. 1680년부터 1688년까지 찰스 2세(Charles II)와 그 뒤를 이은 제임스 7세(James VII)는 스코틀랜드 남부 지방에 군인들을 보내 '승인 받지 않은' 교회들에 속한 교인들(비공식적으로 이들은 '언약도'라고 불렸음)을 체포하도록 했다.

체포 당시, 마가렛은 18세였다. 마가렛은 썰물 동안 솔웨이(Solway) 만에 세워진 말뚝에 묶였으며, 밀물 때 익사하도록 남겨졌다. 마가렛을 체포했던 군인들은 밀물이 시작되자 해수면이 높아져 가는 것을 보고 그녀가 자신의 신앙을 철회하기를 바랐다. 하지만 마가렛은 자신의 신앙을 철회하는 대신에 시편 25편을 7절부터 찬송하기 시작했다.

---

46) 영국의 왕정복고기(1660-88) 중에 스코틀랜드 장로교회에 가해진 핍박이 최고조에 이르던 시기를 킬링 타임(Killing Times)이라 일컫는다. 1680년부터 1688년 동안 많게는 18,000여명의 언약도들이 순교했다고 전해진다.

> 내 젊은 시절의 죄와
> 허물을 기억치 마소서.
> 주의 인자하심을 따라
> 주여, 나를 기억하소서…**47)**

마가렛은 회개의 시편을 찬송하면서 하나님을 만날 준비를 하고 있었다. 회개가 그리 대중적인 주제는 아니지만 회개시는 시편의 한 영역이며, 하나님과 동행하는 데 있어 우리에게 귀중한 도움을 준다.

이 책에서 우리는 우리의 시편찬송을 이끄시는 분으로서 시편 안에 계시는 그리스도를 바라보고 있다. 그런데 예수님은 과연 이 회개시 안에서도 마가렛을 이끄시면서 그녀와 함께 계셨을까? 예수님께서 마가렛의 회개를 '들으시기 위해' 그곳에 계셨다고 인정하는 것은 어렵지 않지만, 예수님께서 이런 내용의 시편을 우리와 함께 부르신다는 것은 어떻게 이해해야 할까?

이번 장에서는 시편 속에서 그리스도의 목소리를 발견하는 것을 어렵게 만드는 두 가지 유형의 시편을 살펴보고자 한다. 첫 번째 측면은 바로 회개시이다. 회개시를 살펴보고 난 후에는 다윗 왕의 구체적인 경험을 바탕으로 쓰여진 다른 여러 시편을 살펴보도록 할 것이다.

회개의 시편에 계시는 그리스도

많은 사람들에게 있어서 회개시를 예수님께서 하시는 말씀으로 생각하며 부르는 건 쉽지 않을 것이다. 예수님은 죄가 없는 분이시지 않았는가? 그렇다면 그런 예수님께서 어떻게 '여호와여 내 젊은 시절의 죄와 허물을 기억하지 마시고'라고 찬송하실 수 있는가?

---

47) 스코틀랜드 운율 시편찬송가에서 인용.

왜 이런 질문을 하는지 충분히 납득할 수 있다. 실제로, 세례 요한조차 이 의문을 가지고 씨름을 했었기 때문이다(마 3:1~17). '너희는 주의 길을 준비하라'며 광야의 외치는 자의 소리가 된 세례 요한은 죄인들에게 회개를 선포했다. 그는 메시야가 죄악으로 가득한 세상에 의를 가지고 오실 거라고 경고했다. 그는 회개의 세례를 통해 자기 자신을 준비하라고 사람들에게 외쳤다.

그리고 메시야가 오셨다. 그분은 요단 강변을 걸어 세례 요한에게 오셨다. 하지만 놀랍게도 메시야는 회개의 세례를 받기 위해 요단강 물속으로 들어오려고 하셨다. 요한이 예수님을 말렸다고 마태는 기록하고 있다. 요한은 예수님께서 물속에 들어오시지 못하게 막았던 것이다! "내가 당신에게서 세례를 받아야 할 터인데 당신이 내게로 오시나이까"라고 요한은 외쳤다. 예수님의 이런 행동에 요한은 놀라움을 금치 못했다. '메시야가 회개를 하다니! 아니지, 예수님이 아니라 나와 여기 있는 모든 사람들이 회개를 해야지!' 라고 요한은 생각했다.

그러나 예수님은 요한에게 대답하시면서, 그분께서 이루시는 중보의 성격에 대한 심오한 말씀을 전하신다. "이제 허락하라 우리가 이와 같이 하여 모든 의를 이루는 것이 합당하니라(마 3:14)." 예수님께서는 "이 방법이 바로 나의 백성들에게 의를 가지고 오기 위해 내가 택한 방법이다. 이 방법은 바로 회개하는 나의 백성들과 나를 동일시하는 방법이다"라고 말씀하셨다. 예수님은 "세상 죄를 지고 가는 하나님의 어린 양(요 1:29, 사 53:10~12)"으로 이 땅에 오셨다. 예수님은 자신의 백성들을 회개로 이끄시면서, 그들의 죄를 자신이 짊어지시기까지 하셨다.

사도 바울은 고린도후서에서 이 진리에 대해 놀라움을 금치 못한다. "하나님이 죄를 알지도 못하신 이를 우리를 대신하여 죄로 삼으신 것은 우리로 하여금 그 안에서 하나님의 의가 되게 하려 하심이라(고후 5:21, 갈 4:4 참고)." 예수님은 단 한 번도 죄를 짓지 않으셨다. 하지만 예수님은 우리의 중보자로

서 우리와 자신을 동일시 하기 위해 우리의 죄와 그 책임을 직접 짊어지시기
까지 하셨다. 존 칼빈은 "이렇기 때문에 예수님께서는 빌라도의 심판대 앞에
서 잠잠하셨다. 예수님은 정당한 변호를 하실 수 있으셨음에도 불구하고
우리의 죄책을 책임지셨기 때문에 잠잠히 계셨다"라고 말한다.[48]

　우리를 회개로 이끄는 시편은 예수님과 함께 찬송하는 데 있어서 가장 유
익한 시편 중 하나일 것이다. 회개시는 그리스도께서 우리의 가장 심각한 필
요에 대해 얼마나 가까이에서 관여하시는지 보여주는 찬송시이다. 회개시는
하나님 아버지 앞에서 우리 자신의 죄를 고백할 수 있도록 도와줄 뿐만 아
니라, 우리가 시편을 찬송하며 죄를 고백할 때에 의심의 여지없이 예수님께
서 우리와 함께 서서 중보하신다는 사실을 깨닫게 해준다. 또 다른 예를 들
어보자. 시편 40편은 신약 성경에서 예수님을 적용하는 회개시이다.

　　　그러므로 주께서 세상에 임하실 때에 이르시되
　　　[혹은 찬송하시되]
　　　하나님이 제사와 예물을 원하지 아니하시고
　　　오직 나를 위하여 한 몸을 예비하셨도다.
　　　번제와 속죄제는 기뻐하지 아니하시나니
　　　이에 내가 말하기를
　　　하나님이여 보시옵소서
　　　두루마리 책에 나를 가리켜 기록된 것과 같이
　　　하나님의 뜻을 행하러 왔나이다 하셨느니라.

　예수님께서는 '하나님은 (율법에 따라 드려지는) 제사와 예물과 번제와 속죄
제를 원하지 않으시고 기뻐하지도 않으신다'라고 말씀하신 후에 '하나님의
뜻을 행하러 왔나이다'라고 덧붙이신다. 예수님은 둘째 것을 세우시기 위해

48) 칼빈, 《Isaiah》, 8.119. R. 벨처, 《Messiah and the Psalms》, 87~88쪽 참고.

첫째 것을 폐하셨다. 그리고 그 뜻을 따라 우리는 단번에 드러지신 예수님의 몸을 통해 거룩하게 되었다(히 10:5~10).

히브리서 10장이 인용하고 있는 시편 40편에서 그리스도께서는 율법이 명시하고 있는 모든 의식의 제물이 자신의 몸을 제물로 바치는 것을 예표하고 있다고 말씀하신다. 신약 시대를 살았던 유대인들은 그들을 통치하던 로마인들을 멸절하며 오시는 메시야를 기대했었다. 그러나 시편 40편은 메시야가 자신의 목숨을 제물로 바쳐 죄로부터의 구원을 가지고 올 것이라고 이해하고 있었다.

에덴동산에서의 아담은 하나님께서 '여자의 후손'이 죄로 인해 상함을 입을 것이라고 선포하셨을 때 이 진리를 배웠다(창 3:15). 아브라함은 자신의 후손인 이삭을 산 정상에서 제물로 바치라는 하나님의 명령을 들었을 때 이러한 소망을 배웠다(창 22:1~14). 그곳에서 이삭은 죽임을 당하지 않았다. 이삭은 자기 자신의 죄는 고사하고 다른 사람의 죄를 대속할 수 없었다. 하지만 이 경험을 통해 아브라함은 장차 오게 될 후손이 언젠가는 그 제물이 될 것이라는 사실을 이해하게 됐다. 창세기 22장 14절은 "아브라함이 그 땅 이름을 여호와 이레라 하였으므로 오늘날까지 사람들이 이르기를 여호와의 산에서 준비되리라 하더라"고 설명한다. 다른 이를 위해 죽임을 당할 후손이 언젠가 올 것이다.

이사야 53장은 아브라함이 받은 창세기 22장 14절의 약속에 대한 묵상일 수 있다. 이사야도 장차 오게 될 후손이 희생제물이 되어 다른 이들의 죄를 짊어지게 될 것이라고 말하고 있다.

> 그는 멸시를 받아 사람들에게 버림 받았으며
> 간고를 많이 겪었으며 질고를 아는 자라…
> 그는 실로 우리의 질고를 지고
> 우리의 슬픔을 당하였거늘…

> 그가 찔림은 우리의 허물 때문이요
> 그가 상함은 우리의 죄악 때문이라…
> 여호와께서는 우리 모두의 죄악을
> 그에게 담당시키셨도다.

신약의 사도 시대에는 많은 유대인들이 메시야의 승리에 대한 선지자들의 선포에만 집중하여 로마의 압제로부터 자유를 되찾을 희망에 부풀어 있었다. 하지만 그들은 메시야의 고난에 대해 언급하고 있는 구약 성경의 많은 구절들을 지나쳐 버렸다. 바울이 유대인 회당을 돌아다니며 순회 선교 사역을 하면서 중요하게 보았던 일들 중 하나가 바로 '그리스도가 고난을 받아야 한다'(행 17:3, 26:23, 행 3:18의 베드로의 설교 참고)는 구약 성경의 가르침을 유대인들에게 재교육하는 일이었다.

시편 40편은 이러한 필요에 대한 다윗의 이해를 보여준다. 이는, 율법이 명시하고 있는 제사를 장차 오게 될 왕이 자신의 몸으로 성취한다는 걸 보여주는 구약 성경의 예배 찬송이다. 다윗 왕 스스로는 절대로 그 제물이 될 수 없었다. 하지만 다윗 왕은 왕이라는 직분을 가진 자로서 바로 그 제물이 될 분을 고백하는 시편을 기록하였다. 다윗 왕은 "하나님이 이미 맹세하사 그 자손 중에서 한 사람을" 이스라엘을 중보 하는 왕으로서 언약의 의무를 이루시기 위해 "그 위에 앉게 하리라 하심을 알고(행 2:30)" 그렇게 한 것이다. 히브리서 10장은 '그리스도께서 세상에 임하실 때' 이 회개시의 심오한 측면까지도 성취하시고 찬송하며 오셨다는 점을 우리에게 보여준다.

> 여호와여 주의 긍휼을 내게서 거두지 마시고…
> 수많은 재앙이 나를 둘러싸고 나의 죄악이 나를 덮치므로
> 우러러 볼 수도 없으며 죄가 나의 머리털보다 많으므로
> 내가 낙심하였음이니이다.

시편 40편의 전반부가 예수님의 말씀이라는 것은 누구라도 부인할 수 없다. 히브리서 10장이 그렇다고 분명하게 밝히고 있기 때문이다. 하지만 몇몇 주석가들은 이러한 회개의 말을 그리스도에게 적용하는 것을 대단히 조심스러워한다. 예를 들자면, 제임스 몽고메리 보이스는 시편 주석에서 이렇게 말했다.

> 이 시편은 메시야 시편인가? 성 아우구스티누스, 찰스 하던 스펄전, 윌리엄 L. 페팅길, 해리 A. 아이언사이드는 그렇게 생각한다. 왜냐하면 6, 7절이 신약 성경에서 예수 그리스도께 적용되었기 때문이다. 그러나 시편 전체가 예수 그리스도께 적용되었다고 추론하는 것은 불필요한 오해를 불러일으킬 수 있다. 시편 기자가 12절에서 자신의 죄를 고백한다는 것 자체를 이 시편(40편)의 모든 구절을 예수 그리스도께 적용해서는 안 된다고 우리에게 경고한다고 볼 수 있다.[49]

물론 이러한 생각이 죄가 없으신 그리스도에 대한 올바른 경외에서 뿌리내린 것이기는 하지만, 시편에 대한 이러한 접근 방식은 예수님의 중보자적인 왕권의 중요성을 놓치게도 만든다. 비록 예수님은 죄가 없으신 분이기는 하지만, 예수님은 진정으로 우리의 죄책을 짊어지셨다. 그리고 그분의 희생 제물 되심 위에서 우리가 죄에 대해 회개할 수 있도록 우리를 이끄신다. 바울의 말을 다시 인용하겠다. "하나님이 죄를 알지도 못하신 이를 우리를 대신하여 죄로 삼으신 것은…(고후 5:21)." 이것이 바로 은혜다!

보이스가 언급한 것처럼, 아우구스티누스는 시편 40편 전체를 그리스도의 말씀으로 본 주석가들 중 한 명이다. 아우구스티누스가 시편 40편 안에서 어떻게 예수님이 회개시로 이 시편을 찬송하는지 주목하여 보자.

---

49) J. 보이스, 《Psalms 1~41》, 347쪽.

만약 어떤 이가 우연히 이 시편의 화자가 누구냐고 묻는다면, 나는 "이 시편의 화자는 그리스도시오"라고 짧게 대답하겠다. 그러나 형제들도 아는 바와 같이 그리고 우리가 자주 말해야 하는 것처럼, 그리스도는 때때로… 우리의 머리 되신 분[우리의 중보자적인 왕]으로서 말씀하신다… 그리스도는 우리를 위해 죽으시기 위해 육체를 입으시고 우리의 머리, 즉 '몸의 머리'가 되는걸 주저하시지 않으셨다… 그리고 나서 그리스도는 우리의 머리의 이름으로 말씀하신다… 그분께서 "내가 주릴 때에 너희가 먹을 것을 주었고(마 25:35)"라고 말씀하셨을 때, 그리스도는 자기 자신이 아닌 자신의 몸 된 지체들을 위해 말씀하셨다. 또 "사울아 사울아 네가 어찌하여 나를 박해하느냐(행 9:4)"라고 말씀하셨을 때, 그분은 자신의 몸 된 지체들을 위해 머리로서 울부짖으셨다. 그분은 "네가 어찌하여 내 지체들을 박해하느냐"라고 하지 않으시고, "네가 어찌하여 나를 박해하느냐"라고 말씀하셨던 것이다… 이것이 바로 그리스도의 사랑이다. 그분의 사랑과 비교할 수 있는 것이 무엇인가? 그렇기 때문에 그리스도가 '찬송을 내 입에 두셨으니'라고 말씀하셨을 때, 이는 자신의 지체들을 위해 말씀하셨던 것이다.[50]

나는 이 책에서 시편이 예수님께서 우리의 입에 두신 찬송이며, 이 찬송을 통해 예수님은 우리와 함께 찬송하신다는 아우구스티누스의 견해에 동의한다. 그러나 예수님은 시편에서 우리를 대표하는 머리, 즉 우리의 중보자적인 왕으로서 말씀하신다. 회개의 시편 또한 그분의 이러한 중보에서 예외가 될 수는 없다. 예수님은 단 한 번도 죄를 짓지 않으셨다. 하지만 우리의 중보자로서, 예수님은 우리의 죄에 대해 자신이 책임을 지셨다.

우리가 하나님 앞에서 우리의 죄를 바르게 회개할 수 있는 유일한 길은

50) 아우구스티누스, 《Psalms, NPNF》, 1.8, 120~121쪽.

바로 예수 그리스도의 이름과 그분께서 바치신 제사 안에서 회개 하는 것이다. 이것은 단순한 이론이 아니다. 회개시는 그렇게 할 수 있는 귀중한 기도문을 우리에게 준다. 회개시를 통해 우리는 우리의 죄를 기꺼이 짊어지시고 우리를 위해 우리의 죗값을 치뤄주신 예수님의 이름으로 회개를 하게 된다. 물론 우리는 개인적으로 기도하면서 회개 할 수도 있다. 하지만 예배 중에 공적으로 함께 회개 할 때, 시편은 왕이신 그리스도께서 중보 하시는 회개의 찬송을 우리의 입에 둔다.

다윗의 경험을 기록한 시편에 계시는 그리스도

우리는 예수님을 시편찬송 인도자로 보는 방법을 배우고 있다. 시편 1편부터 150편까지 우리는 (회개의 시편을 포함한) 모든 시편을 그리스도께서 중보하시는 '경배의 대화'로써 찬송한다. 하지만 이번 장을 끝맺기 전에 우리는 뒤로 한 발자국 물러나서 수많은 시편이 다윗 왕과 그의 후손, 그리고 다른 시편 기자들이 겪은 구체적이면서도 역사적인 경험과 분명하게 연결되어 있다는 점에 대해 생각해 볼 필요가 있다.

히브리어 시편에는 다윗 왕의 경험과 연관된 표제들을 가진 시편이 총 14편 등장한다. 다윗 왕이 겪은 삶의 연대기에 따라 이 14편의 시편을 한 번 나열해보자.

시편	다윗 왕의 삶	성경 본문
59	사울이 다윗을 죽이기 위하여 사람을 보내서 집을 지키고 있을 때에	삼상 19:11
56	다윗이 가드에서 블레셋인에게 잡힌 때에	삼상 21:10~11
34	다윗이 아비멜렉 앞에서 미친 체하다가 쫓겨나서 지은 시	삼상 21:12~15

57	다윗이 사울을 피하여 굴에 있던 때에	삼상 22:1 (혹은 24:3)
142	다윗이 굴에 있을 때에	삼상 22:1 (혹은 24:3)
63	유다 광야에 있을 때에	삼상 22:5 (혹은 23:14~15, 삼하 15~17)
52	에돔인 도엑이 사울에게… 다윗이 아히멜렉의 집에 왔더라 말하던 때에	삼상 22:9~19
54	십인이 사울에게 말하기를 다윗이 우리 곳에 숨지 아니하였나이까 하던 때에	삼상 23:19
7	베냐민인 구시의 말에 대하여	불분명 (삼상 23:25 참고)
30	성전 낙성가(다윗의 시로 추측)	삼하 2:3~4
60	다윗이… 싸우는 중에 요압이… 일만 이천 인을 죽인 때에	삼하 8:1~14
51	다윗이 밧세바와 동침한 후 선지자 나단이 저에게 온 때에	삼하 11~12
3	다윗이 그 아들 압살롬을 피할 때에	삼하 15~17
18	여호와께서 다윗을 그 모든 원수와 사울의 손에서 구하신 날에	삼하 22

시편에는 다윗 왕과 다른 시편 기자들이 겪은 삶의 경험에 대한 많은 언급이 있다. 이러한 사실이 시편에서 예수님을 발견하는 작업을 어렵게 만들기도 한다. 위의 시편들 속에서 다윗 왕을 보는 것은 어렵지 않다. 만약 우리가 이 시편들에서 다윗 왕의 더 위대한 자손되는 예수님을 발견해야 한다면, 왜 이 시편들은 다윗 왕의 경험으로 가득 차 있을까? 이 질문을 다르게 하자면, 만약 다윗이 정말로 앞으로 오실 그리스도를 생각하면서 시편을 기록했다면, 어째서 다윗은 시편을 기록하면서 자신의 목소리로 자신이 겪은 경험을 이렇게나 많이 말하는 것일까?

좋은 질문이다. 이 질문에 대한 대답을 하기 위해 예시를 들어보겠다. 만약 외국인 관광객이 미국에 방문했다고 가정하자. 그는 거리에서 한 미국인을 붙잡고, "미국 대통령은 무슨 일을 합니까?"라고 물었다. 그 미국인은 그 질문에 어떻게 대답할 수 있을까? 아마 대다수는 대통령의 다양한 역할에 대해서 이야기할 것이다. 예를 들자면, 대통령은 정부의 수장으로서 다양한 부처의 활동을 지도한다던가, 대통령은 군 통수권자이라던가, 아니면 대통령은 대법관을 임명한다던가 하는 식으로 대답 할 수 있을 것이다. 대개 우리는 대통령직을 설명할 때 추상적인 말로 대통령이 수행하는 다양한 기능에 대해 설명한다.

그러나 고대 시대 때는 그렇지 않았다. 동일한 질문을 그 시대의 사람들에게 한다면, 아마 우리는 여러 '이야기'를 통한 답변을 듣게 될 것이다. 이게 바로 구약식 답변이다. 미국인이 고대 시대의 방식으로 답변을 한다면 "조지 워싱턴에 대해 말씀을 드리죠"로 입을 열고, "아브라함 링컨에 대해서 이야기 해드릴게요… 그 다음은 프랭클린 델라노 루스벨트 이야기입니다… 아, 로널드 레이건은요…"하는 식으로 이야기를 전달하게 된다. (대통령의 역할에 대한 추상적인 설명보다는) 역사 속의 대통령들에 대한 실제적인 이야기를 통해 우리는 이 모든 이야기가 지향하는 이상적인 대통령상을 정립하게 된다.

이게 바로 창세기가 하는 일이다. 창세기는 족장들의 이야기를 통해 '이스라엘의 진정한 일원'이 어떤 모습인지 우리에게 보여준다. 구약 성경의 역사서들 또한 동일한 일을 한다. 사사들과 왕들과 선지자들과 제사장들의 긍정적이고 부정적인 이야기들을 통해 이스라엘이 필요로 하는 이상적인 왕과 선지자, 제사장의 모습을 제시한다.

동일한 맥락에서 시편은 때때로 다윗과 그의 후손의 경험을 들려주면서 이스라엘의 진정한 왕의 이상적인 모습이 어떠한지를 드러내고 있다. 예를 들자면, 시편 56편은 다윗 왕이 블레셋 사람들에 의해 가드에 갇혔던 일화를 떠올리게 한다(삼상 21:10~15). 사울 왕으로부터 도피 중이었던 다윗은 블레셋 사람들 틈에 숨으려고 했다. 하지만 블레셋 사람들은 다윗이 (가드 출신의 거인 병사였던) 골리앗을 죽인 이스라엘의 전쟁 영웅이라는 사실을 곧바로 알아차렸다. 다윗은 자신의 정체가 탄로 난 것을 알고, "미친 체"(13절) 했다. 가드 왕 아기스는 다윗이 블레셋 사람들이 가리키는 위대한 전쟁 영웅인 줄 알았는데, 그를 직접 보니 그저 미치광이에 불과했다. 아기스는 다윗이 자신에게 아무런 해를 입히지 못한다고 생각하고 그를 내쫓았다. 결국 다윗은 놀랍게도 그곳에서 도망칠 수 있었다.

시편 56편은 이 일화와 관련이 있다. 그러나 이 시편 자체는 다윗이 '미친 체'했던 행동에 대해서는 아무런 언급을 하지 않는다. 이 시편은 그저 다윗이 마음 속으로 생각했던 바를 들여다볼 수 있도록 우리를 초청할 뿐이다. 다윗은 자신이 심각한 위험에 빠졌다는 걸 인지했고, 그때 하나님께서 그를 위험에서 건지셨다는 것을 깨달았다. 그 당시 사울 왕은 이스라엘의 국경을 넘어서 다윗을 죽이려 했다. 그러한 상황에서 가드의 블레셋 사람들 손에 붙잡혀있던 다윗은 피난처를 찾지 못했다. 하지만 그는 시편 56편에서 이렇게 증언한다.

> 내가 하나님을 의지하고 그 말씀을 찬송하올지라
> 내가 하나님을 의지하였은즉 두려워하지 아니하리니
> 혈육을 가진 사람이 내게 어찌하리이까(시 56:4)

그리고 다윗은 이 시편을 이렇게 끝맺는다.

> 주께서 내 생명을 사망에서 건지셨음이라
> 주께서 나로 하나님 앞, 생명의 빛에 다니게 하시려고
> 실족하지 아니하게 하지 아니하셨나이까(13절)

다윗의 삶 속에서 겪는 실제적인 경험, 그리고 그러한 경험의 중심에 있는 위험과 약속을 통해서 이 시편은 다윗의 경험으로부터 우리의 중보자적인 왕과 하나님의 관계에 대한 교훈을 우리에게 전해준다.

예수님은 그분의 인성에 있어서 가드의 블레셋 사람들에게 붙잡히신 적이 없다. (비록 요한복음 10장 20절의 기록처럼 무리로부터 미쳤다는 말을 들으신 적은 있으시지만) 다윗이 그랬던 것처럼 미치광이인 척하신 적도 없으시다. 그럼에도 불구하고 이스라엘과 블레셋 왕들에게 둘러싸여 위험에 빠졌던 다윗이 자신을 구원해주신 하나님을 생각하며 얻은 평안은 다윗 가문의 왕좌에 대한 하나님의 신실함을 교훈하고 있다.

19세기 스코틀랜드의 개혁 장로 교회 목사인 윌리엄 비니(William Binnie)는 1867년에 다윗의 시편에 대한 글을 썼다. 비니 목사는 그의 책에서 다음과 같이 설명한다.

> 나단을 통해 [다윗은] 이스라엘의 소망인 약속의 씨가 그의 가문에서 태어나고 바로 그 후손이 자신의 왕좌에 앉게 될 것을 배웠다. 다윗은 그렇게 자신이 주님을 예표하는 사람으로 높여졌다는 사실을 배웠다… 그렇게 그는 그저 그리스도만을 예언하는 시편들을 기록하지 않았다. 다윗은 자기 자신과 자신의 백성들에게 적용되면서도 그 너머에 계신 하나님의 아들의 인격과 나라에 대한 다른 시편들도 기록하였다.[51]

시편 전반에는 예수님께서 겪지 않으신 (특히 시편 51편의 제목이 시사하는 바와 같은 다윗의 죄) 다윗의 삶의 경험에 대한 언급이 나타난다. 그렇지만 이러한 사실로 시편이 예수님을 위해 준비된 것이라는 사도들의 가르침을 부인하지 않는다. 다윗 왕과 다른 시편 기자들은 하나님의 신실하심을 실제적으

---

51) W. 비니, "David, the Sweet Psalmist of Israel," 339쪽.

로 경험함으로써, 이스라엘의 언약 왕좌에 대한 그리스도의 열심이 어떠한지를 배웠다. 이 모든 교훈들이 찬송시로 기록되었고 그 모든 이상을 성취하실 다윗의 자손을 위해 준비되었다. 그들이 기다렸던 메시야는 이미 오셨으며, 그분의 이름은 예수이시다. 그리고 시편은 그분의 찬송이다.

결론: 시편에서 그리스도를 발견하기

많은 현대 찬송가들은 예수님을 향해 쓰여졌거나, 또는 예수님에 대하여 쓰여졌다. 물론 시편에도 그리스도를 향해 쓰인 부분이 있고, 그리스도에 대해 쓰인 부분이 있다. 그러나 모든 시편에서 (아니, 시편에서만) 우리는 그리스도와 함께 찬송할 그리스도의 말씀을 찾을 수 있다. 시편에서 그리스도를 발견하는 것은 단순히 이 구절 저 구절에 예언된 그분의 사역을 찾는 게 아니다. 우리는 모든 구절에서 우리의 경배를 이끄시는 그리스도의 목소리를 들음으로써 시편에서 예수님을 발견한다.

'나 같은 죄인 살리신'이나 '우리를 향한 깊으신 아버지의 사랑'과 같은 찬송가를 부를 때, 우리는 존 뉴턴(John Newton)이나 스튜어드 타운엔드(Stuart Townend)와 같은 작곡가나 작사가와 함께 노래하지 않는다. 뉴턴이나 타운엔드는 우리의 예배 가운데 함께하지도 않고, 하나님 앞에서 우리를 중보할 수도 없다. 아니다! 심지어 중보할 수 있다고 생각해서도 안 된다. 이러한 찬송가들이 예수님에 대하여 말하고 있다 할지라도 예수님의 목소리를 우리에게 들려줄 수는 없다.

그러나 예수님은 예배 가운데서 그분의 백성들과 함께 하신다. 우리의 진정한 선지자로서, 예수님은 성경적인 설교를 통해 우리에게 말씀하신다. 우리의 진정한 제사장으로서, 예수님은 그분의 이름으로 드려진 기도 가운데 우리를 위해 도고하신다. 우리의 진정한 왕으로서, 예수님은 하나님 아버지 앞으로 우리가 나아갈 수 있도록 우리를 중보하신다. 그분과 함께 시편을 찬송할 때, 우리는 이 모든 복을 누릴 수 있다.

역사적으로, 교회는 시편을 소중히 여겨왔다. 왜냐하면 시편은 예수 그리스도의 찬송이기 때문이다. 이제 때가 왔다. 더 이상 예수님에 대해서만 찬송하는 게 아니라, 예수님과 함께 찬송하기를 원하는 열정을 회복할 때가!

교회사적인 예전에 따르면, 예배는 대개 회개의 시간과 함께 시작한다. 구약 시대의 회중은 제물을 가지고만 하나님께 나아갈 수 있었다. 이렇게 성경이 가르치고 있는 모범을 따라 과거의 회중은 자주 회개와 함께 예배를 시작했다(T. 존슨(T. Johnson), 《Leading in Worship》, 15쪽 참고).

회개의 시편 중 하나를 찬송하는 것은 공예배나 개인 경건의 시간에 경건한 마음으로 예배로 나아가는데 적합하다. 다음과 같은 회개시를 여러분의 예배에서 사용하는 것을 고려해보라.

시 6:1~5, 시 25:8~11, 시 32:1~6, 시39:1~8, 시 40:11~16, 시 41:4~10, 시 51:1~12, 시 79:8~9, 시 80:1~3, 시 81:1~16, 시 85:1~4, 시 106:1~7, 시 130:1~3, 시 139:1~3, 23~24, 시 141:1~5, 시 143:1~8.

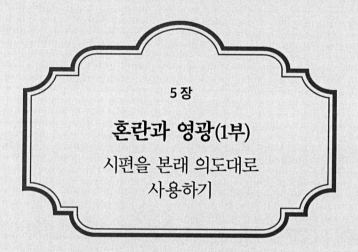

5 장

혼란과 영광(1부)

시편을 본래 의도대로
사용하기

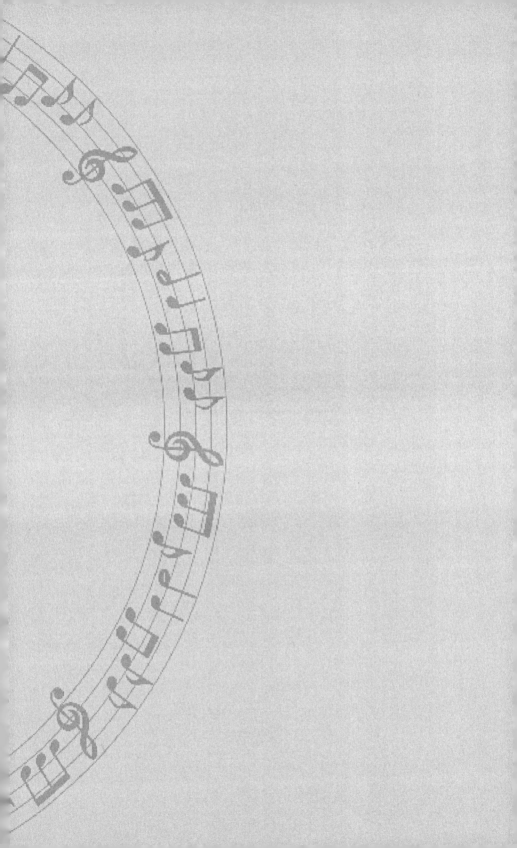

5장

혼란과 영광(1부):
시편을 본래 의도대로 사용하기

　못은 본래 역할을 효율적으로 수행할 수 있도록 설계되어 있다. 망치로 세게 내려치면, 못은 나무판을 뚫고 들어가 그 뒤에 있는 나무판에 앞에 있는 나무판을 고정한다.[52)

　나사도 마찬가지로 본래 목적을 위해 훌륭하게 설계되어 있다. 다방면에서 못과 비슷한 점이 있지만, 나사는 나선 모양의 홈이 환봉의 외주면을 따라 절삭되어 있고, 머리에는 십자 모양의 홈이 파여 있다. 이러한 나사의 독특한 모양은 나사만의 독특한 기능을 수행하게 한다. 나사는 못처럼 망치로 내려쳐서는 안 된다. 대신 나사는 십자 드라이버를 이용해 위에서 돌려져야 한다. (건축업자가 2x4 나무판자에 나사를 대고 망치로 내려치기 시작했을 때, 사방으로 튀어나갈 나무 조각이 상상이 되는가?) 나사는 나사로서의 기능을 잘 수행하기 위해 반드시 그 설계대로 사용되어야 한다.

　시편도 마찬가지다. 마치 나사가 못과 다른 것처럼, 이스라엘의 옛 찬송

---

52) 이 장은 M. 레페브레, "Torah-Meditation and the Psalms"와 "Torah-Meditation in Song"이라는 제목으로 출판된 적이 있음.

인 시편은 현대 찬송가와 매우 다르다. 시편은 우리의 중보자적인 왕을 따라 경배하도록 우리를 이끌 뿐만 아니라, 현대 교회 음악과는 매우 다른 '방식'으로 찬양하도록 우리를 이끈다. 비록 일반적으로는 시편이 다른 (하나님을 경배하는) 현대 찬송가와 동일한 효력을 가지지만, 시편은 우리의 마음 속에서 하나님에 대한 경배를 불러일으키는 방식에 있어 현대 찬송가와는 차이점을 보인다.

좀 더 구체적으로 말하자면, 현대 찬송가는 보통의 경우, 선포를 통해 경배를 불러 일으키도록 작곡·작사되었다. 한 예로, 그 동안 많은 이들로부터 사랑을 받아온 마틴 루터의 '내주는 강한 성이요'는 다음과 같이 선포한다.

> 내 주는 강한 성이요
> 방패와 병기 되시니
> 큰 환난에서 우리를
> 구하여 내시리로다

이 아름다운 찬송에서 루터는 그리스도인들로 하여금 하나님의 신실하신 보호를 선포하도록 부르게 한다. 비록 마귀는 '우리를 삼키려 하나' 우리는 겁먹을 필요가 없다. 왜냐하면 하나님께서 '진리로 이기도록' 하시기 때문이다. 그렇기 때문에 우리는 '버텨 서 있을 수' 있다. 루터의 이 찬송은 교회에게 승리를 주시는 신실하신 하나님을 선포하는데 중점을 두고 있다.

그러나 시편은 이와 다르다. 물론 시편 역시 경배의 선포를 포함하고 있다. 하지만 시편 안에는 의심과 혼란, 문제와 심판 등 우리가 현대 찬송가를 떠올리며 시편을 부를 때에는 어색하게 느낄 주제도 다수 포함하고 있다(마치 나사를 망치로 내려치는 그런 어색함 말이다). 하지만 이것이 바로 성경적 찬송가인 시편이 가지는 독특한 설계 방식이다. 그리고 바로 이 독특한 설계 방식은 우리로 하여금 시편을 찬송할 때에 독특한 기대를 갖고 '마음의 활동'을 하도록 만든다.

이번 장에서 나는 시편찬송의 근간이 되는 이 '마음의 움직임'의 특징에 대해 이야기를 나누고자 한다. 시편에서의 경배는 기대할 수 있는 당연한 결과이지만, 묵상은 바로 시편찬송의 핵심을 이루는 활동이다. 이것이 이번 장에서 내가 논의하려는 핵심 주제이다. 요점만 간추려 본다면 이렇다. 시편은 이 세상의 문제에 대한 길고 완전한 묵상의 과정을 지나 그 끝에서 마침내 경배를 올려드릴 수 있도록 도와준다. 본론으로 직행하여 경배를 선포하는 현대 교회 음악과는 다르다.

경배는 시편의 결과로써 매우 중요하다. 오죽하면 우리는(직역하여 'Praises,' 즉 '경배'라는 뜻을 가진) 'Psalms'라는 이름을 시편에 붙였겠는가? 히브리어로 시편은 '테힐림(תהלים, Tehilim)'으로, '경배'라는 뜻이다. 시편은 또한 헬라어로 '프살모이'(ψαλμοι, Psalmoi)로 불리는데 이 단어는 기쁨과 경배의 노래를 뜻하는 말로 추정된다. 그러나 시편을 대략적으로 훑어보기만 해도 우리는 시편의 모든 찬송시가 경배의 선언으로만 채워져 있지 않다는 걸 알 수 있다. 시편은 우리에게 수많은 신음과 탄성의 소리를 들려준다. 시편은 '경배'라는 이름으로 불리지만, 그렇다고 시편을 이루고 있는 모든 찬송시가 기쁨의 노래이기 때문에 그런 이름이 붙은 건 아니다. 시편이 '경배'라는 이름으로 불리는 이유는 바로 시편 전체가 우리의 슬픔을 경배에 다다르도록 돕고 있기 때문이다.

미국에서는 도로에 이름을 붙일 때도 유사한 방식을 사용한다. 나는 인디애나폴리스(Indianapolis)시의 언저리에 산다. 인디애나폴리스 시의 북서부이자 라피엣(Lafayette)이라는 또 다른 도시로부터 남쪽에 위치한다. 내가 거주하고 곳의 인근에는 남쪽에서 북쪽으로 관통하는 큰 도로가 하나 있는데, 그 도로의 이름은 '라피엣 도로'이다. 이 도로가 '라피엣'이라고 불리는 이유는 내가 라피엣 시에 살고 있기 때문이 아니다(나는 인디애나폴리스 시에 산다). 그러나 이 도로를 따라서 북쪽으로 가면 라피엣 시에 도달할 수 있기 때문에 이 도로에 '라피엣'이라는 이름이 붙은 것이다.

마찬가지로, 시편에 '경배'라는 이름이 붙은 이유는 시편이야말로 우리가 살아가고 있는 '혼란과 슬픔의 도시'에서 우리를 데리고 나와 결국에는 '경배와 기쁨의 도시'에 도달하도록 하는 곡조있는 묵상이기 때문이다. 이 개념이 작게는 각 시편의 나침반이 되고 크게는 시편 전체의 방향이다(대개 각 시편은 우리를 의문으로부터 건져내서 해답에 도달하도록 돕는다). 실제로 초대 교회 교부인 닛사의 그레고리(Gregory of Nyssa)는 4세기경 시편이 어떻게 우리를 악인과 죄인과 오만한 자의 자리에 서있는 슬픔(시편 1편)에서 천상의 기쁨의 자리(시편 150편)로 데려가는지 묘사하는 책을 썼다.[53]

시편을 통해 우리는 경배로 눈을 들지만, 그 책 자체는 경배가 아닌 내용으로도 가득 차 있다. 이는 우리로 하여금 시편이 본래 목적에 따라 사용되는 것이 얼마나 중요한지를 다시 한번 발견하도록 한다. 시편을 부르면서 현대 찬송가처럼 '경배 선포'를 기대하는 건 나사를 망치로 내려치는 것과 흡사하다. 우리가 찬송하는 시편은 조금은 다른 '마음의 활동'을 요구한다. 그 마음의 활동이란 바로 선포가 아닌 묵상이다.

시편의 묵상적인 성격에 대한 훌륭한 예는 시편 73편에서 찾아볼 수 있다. 이 시편은 고난으로 가득 차 있다. 이 시편의 제목은 '아삽의 시'다(아삽은 이 책의 두 번째 장에서 언급했던 시편 기자 중 한 명이다). 이 시편이 아삽의 경험으로부터 비롯되었는지, 아니면 어떤 다른 왕의 경험으로부터 비롯되었는지 알 수 없다. 또는 이스라엘 백성이 일반적으로 겪었던 고난에서 우러나온 시편인지도 모른다. 하지만, 시편 73편이 왕의 찬송가인 시편에 포함되었다는 사

---

53) 시편의 순서를 통해 어떻게 시편 전체가 '체계적이고 자연스러운 순서'대로 시편을 찬송하는 이를 '복 있는 길'로 데려가는지 보여주는 닛사의 그레고리의 분별력있는 책을 참고하라(닛사의 그레고리, 《Inscriptions of the Psalms》, 24쪽). 현대의 학자들 또한 시편이 종말론적인 방향을 가지고 슬픔에서 기쁨으로 이동하고 있다는 점을 인정한다. B. 차일즈, 《Introduction to the OT》, 518, 522쪽, G. 윌슨, 《Editings of the Psalter》, 208~214쪽, C. 웨스터맨, 《Praise and Lament》, 258쪽, W. 브루그만, "Bounded by Obedience and Praise" 참고.

실만으로도 이 시편이 결국에는 우리의 중보자적 왕이신 예수님에 대한 것이라고 믿고 위로를 받을 수 있다. 예수님은 인성에 있어 우리가 처한 고난을 자신의 고난처럼 생각하시며, 그 고난을 통과해서 마침내 승리의 경배에 이르기까지 친히 우리를 이끄시는 분이시다.

시편 73편은 하나님의 선하심에 대한 웅장한 선언으로 시작한다. "하나님이 참으로 이스라엘 중 마음이 정결한 자에게 선을 행하시나"(1절). 이는 우리가 하나님의 말씀으로부터 배우는 진리이다. 성경 전체는 우리가 자신의 백성을 향한 하나님의 신실하심과 선하심을 신뢰하고 거룩함을 위해 우리 자신을 바치도록 가르친다. 그런데 시편 73편은 그런 주장을 하자마자 의문을 제시한다(2~3절).

> 나는 거의 넘어질 뻔하였고
> 나의 걸음이 미끄러질 뻔하였으니
> 이는 내가 악인의 형통함을 보고
> 오만한 자를 질투하였음이로다

시편찬송을 인도하는 이는 '나는 하나님의 선하심에 대한 나의 믿음을 저버릴 뻔했다'고 고백한다. 먼저, 하나님이 '악인'이라고 부르는 이들은 겉으로 보기에 삶의 좋은 모든 것을 받아 누리며 사는 것처럼 보인다. 또한 마음을 정결하게 하려는 나의 모든 노력(1절)은 그저 점점 더 깊어지는 고난과 비웃음만을 불러오는 듯한 의구심이 든다(13~15절). 이 시편의 절반 이상은 하나님의 선하심에 대해 선언된 진리가 나의 삶의 경험을 통해 얼마나 의아해 보이고 이로 인해 생기는 신음하고 불평하는 말로 가득 차 있다.

그러나 15~17절에서 우리는 하나님의 선하심에 더 완전한 영광을 주목하게 되며, 그로 인해 우리의 관점은 더 이상 흔들리지 않게 된다. 비록 우리의 겪고 있는 현재의 경험에 비추었을 때, 하나님의 선하심이 때마다 눈에 띄지는 않을지라도 그 분의 선하심은 언제나 변함이 없으시다. 설사 우리의 경험 속에서 하나님의 선하심을 아직 볼 수 없다 하더라도, 우리는 예배를 드리는 시간에("하나님의 성소에 들어갈 때에야," 17절) 비로소 하나님의 선하심을 그분의 약속 안에서 경험할 수 있게 된다.

시편 73편의 나머지 부분(18~28절)은 이미 마음을 열어 나의 문제를 하나님 앞에 펼쳐놓은 나를 하나님께서 도우셔서 자신의 백성에 대한 하나님의 약속과 악인에 대한 하나님의 심판이 얼마나 확실한지를 알게 한다. 물론, 지금 현재 번창하고 있는 악인이 궁극에는 파멸에 이르게 된다는 심판에 대한 구절들이 어떤 종류의 잔혹한 흥분으로 우리를 감질나게 하기 위해 존재하는 건 아니다. 심판에 대한 구절은 하나님께서 선하신 심판자시며, 그분께서 (악인을 심판하심으로써) 내가 당한 모든 불의를 되돌리시고, (현재의 내 고난에도 불구하고) 모든 거룩함을 보상하신다는 사실을 이해하고 나의 영혼을 먹이시기 위해 존재하는 것이다. 만약 이 사실을 현재 경험하지 못하고 있다 해도, 하나님의 선하신 보상은 그분을 사랑하는 모든 이들에게 영원토록 보장된다.

그렇게 시편 73편의 마지막 구절에서 우리는 해답을 얻고 (우리의 중보자이신 그리스도와 함께) 경배의 찬송으로 이끌어 진다. "하나님께 가까이 함이 내게 복이라 내가 주 여호와를 나의 피난처로 삼아"(28절).

이런 종류의 묵상적인 찬송은 전형적인 시편의 형태다. 어떤 시편은 상대적으로 더 불평하는 어조이기도 하고, 다른 시편은 상대적으로 더 감탄하는 어조이기도 하다. 그러나 일반적으로 각 시편은 하나님에 대한 진리를 선포하고, 감정의 충만 속에서 그 진리를 숙고하고 되새기며 우리의 마음과 경험을 묵상으로 이끈다. 그리고 결국에는 우리의 믿음을 신의와 경배에 있어 더 성숙하도록 만든다.

루터는 이러한 이유 때문에 시편을 '작은 성경'이라고 불렀다. 왜냐하면 성

5장 혼란과 영광(1부) : 시편을 본래 의도대로 사용하기

경의 다른 부분이 가르치고 있는 모든 교리가 시편에서 찬송으로 재현되고 있기 때문이다.[54] 잘 알려져 있듯이, 칼빈도 시편을 '인간 영혼의 해부학'이라고 불렀다. 사람의 모든 감정이 시편의 묵상 과정에 녹아있기 때문이다.[55]

내가 여기에서 서술하고 있는 내용들은 전혀 새로운 발견이 아니다. 거듭 이야기 하지만, 시편찬송은 현대 예배의 '마음의 활동'과는 근본적으로 다른 종류의 '마음의 활동'을 불러일으킨다. 그렇기 때문에 찬송은 그저 경배를 선포해야 한다는 오늘날 교회의 상충되는 전제에도 불구하고 우리는 시편의 올바른 사용을 의식적으로 붙잡아야 한다.

묵상으로서의 시편: 신명기 31~33장

시편의 '묵상적인' 성격에 대해 생각해 볼 수 있도록 우리를 도와주는 훌륭한 성경 본문 중 하나는 바로 신명기의 마지막 부분(31~33장)이다. 신명기 31-33장에서 모세는 이스라엘 백성이 약속의 땅으로 들어가기 전에 행한 마지막 행동 중 하나로서 두 가지 문서를 기록한다. 모세는 먼저 율법의 말씀을 책으로 기록하고(31:24), 또한 노래를 썼다(31:22). 모세는 책으로 쓴 율법의 말씀을 제사장들과 장로들에게 건네주었고, 회중에게는 자신이 쓴 노래를 가르쳤다. 이 두 가지 문서를 동시에 기록했다는 점은 주목할 만하다. 율법과 노래라는 이 두 가지 문서는 때때로 혼란스럽게 보이지만, 신명기에서는 이 두 가지가 서로 매우 긴밀한 관계를 맺고 있다.

예를 들어, 율법책과 노래는 동일한 목적, 즉 이스라엘 자손들에게 증거가되는 목적을 가지고 있었다(19, 26절). 게다가 신명기 32장 44~46절에서 모세는 '이 노래의 모든 말씀을' 이스라엘 백성에게 낭독한 후, "이 율법의 모든

---

54) M. 루터, 《Luther's Works》, 35.254.
55) 칼빈, 《Psalms》, xxxvii.

말씀을 지켜" 행할 것을 권면하였다. 그 말은 모세가 이스라엘 백성에게 불러주었던 노래는 이스라엘의 지도자들에게 주었던 율법과 같다는 뜻이다. 어떤 신학자는 이 본문에서 나타나는 율법책과 노래의 긴밀한 관계에 주목하면서 다음과 같이 서술한다.

> 시편은… 모든 백성에게 가르쳐졌지만(31:19, 22, 30), 율법은 레위인들과 장로들에게 전수되었다(31:9, 25, 28). 동일한 내용의 전수가 서로 다르게 이루어졌다는 점은 시편이 율법의 대중적 요약을 나타내고, 더불어 시적인 형식을 통해 율법책보다 더욱 효과적으로 회중에게 신명기의 사상을 전수할 수 있다는 점을 말해준다… [노래가] 말과 글로 전수되었다는 점을 강조한다는 의미는 시편이 [율법책의] 대중적인 요약이며, 또한 율법책 그 자체와 대응하는 관계에 있다는 사실이다.[56]

모세의 율법책과 동시에 기록된 신명기의 노래만 그러한 특징을 가지고 있었던 것일까? 왓츠가 내린 다음과 같은 결론은 올바른 것으로 보인다. "신명기 32장 1~43절에서 기술된 내용의 역할은 시편찬송에 대한 일반적인 전제와 기대에 대한… 증거를 제공한다."[57] 만약 이러한 결론이 맞는다면, 신명기 31~33장은 회중의 시편찬송 기능에 대해 무언가 중요한 사실을 가르치고 있다. 시편찬송이 '율법 묵상'의 수단으로 역할 한다는 점이다. 시편찬송은 서로 한 쌍을 이루는 율법책이 가르치고 있는 신학에 대한 대중적인 묵상의 수단이다.[58]

우리는 모세의 노래를 주 교과서와 한 쌍을 이루는 연습 문제집이라고 생각할 수 있다. 연습 문제집은 한 쌍을 이루고 있는 교과서가 가르치는 (객관

56) J. 왓츠, 《Psalm and Story》, 67쪽.
57) J. 왓츠, 《Psalm and Story》, 80쪽.
58) J. 맥콘빌, 《Deuteronomy》, 461쪽, P. 밀러, 《Deuteronomy》, 225~226쪽 참고.

적인) 진리를 학생이 (주관적으로) 연습해 볼 수 있도록 돕는다.

모세가 설명하듯(31:21), 결국에는 노래가 이스라엘 자손들의 기억에 남는다. 고대 시대에는 율법책을 대리할 수 있는 노래가 매우 중요했다. 왜냐하면 기록된 문서가 그리 흔하지 않았기 때문이다. 그 당시 유대인은 유대인 거주 단지의 가족 소유 주택에서 아마존닷컴에 로그인한 후, 가정용 성경을 주문할 수 없었다. 설사 두루마리 사본이 헤라클레스같이 능력있는 레위 자손이 운영하는 출판사에 의해 대량 생산된다고 해도, 예배에 참석하는 평범한 유대인들은 대다수가 문맹이었다. 그렇다면 살면서 겪는 고난과 시험 속에서 평범한 유대인은 어떻게 '밤낮으로' 믿음 안에서 풍족하고 흔들리지 않을 수 있었을까?

율법책은 절기 때마다 예배 시 공적으로 낭독되어야 했다(신 31:10~13). 더 나아가, 레위인 교사들은 다양한 공동체에서 이스라엘 자손들에게 율법을 가르치도록 임명되었다(대하 17:7~9). 하지만 이러한 모임 외에는 고대 이스라엘 자손들이 기록된 말씀에 접근할 수가 없었다. 그랬기 때문에 회중의 마음에 남아 율법의 가르침을 '밤낮으로'(시 63:2, 6 참고) 계속해서 증거하는 예배 찬송이 필요했다. 율법을 대리하는 노래는 기억 속에 쉽게 남기 때문에 이스라엘 자손들이 율법책으로부터 배운 진리를 묵상하도록 도움을 주었다. 이러한 노래의 중요성은 결코 과소평가할 수 없다.

나는 여기에서 신명기 32장에 기록된 노래(혹은 그에 대응하는 신명기 33장의 찬송) 그 자체에 대한 설명은 하지 않을 것이다. 이 노래는 율법책이 가르치고 있는 하나님의 약속과 경고라는 주제를 우리에게 요약해서 보여준다. 대략 훑어보기만 해도 이 노래가 그저 하나님께서 경배를 받으시기에 합당하신 분이시라는 선포만을 요구하는 찬송이 아니라는 점을 알 수 있다(또한 이 노래는 사람들을 단순히 기분 좋게 만들려는 노래도 아니다). 이 노래는 하나님의 율법을 묵상함으로써 영적인 침체에서 벗어나고 믿음과 경배를 다시 붙잡을 수 있게 하려고 존재한다.

결론적으로, 모세의 율법책은 한 쌍을 이루는 노래와 동시에 기록되었다 (어쩌면 찬송가집도 기록되었을 것이다).[59] 이 노래의 목적은 율법책에 기록된 진리를 묵상할 수 있도록 회중을 도와 결국에는 하나님에 대한 경배와 믿음에 이르도록 하는 것이다. 그러므로, 이스라엘 자손들이 하나의 국가로서 예배를 시작했을 때부터, 이스라엘의 찬송은 (그저 경배의 선포가 아닌) 경배로 이끄는 묵상으로 존재해 왔다. 이제 이러한 사실을 다윗 시대 때 기록된 찬송가인 시편으로 적용해보자.

묵상으로서의 찬송: 시편 1편

우리는 시편 그 자체가 하나님의 율법을 묵상하라고 권면하는 말씀(시편 1편)으로 시작한다는 사실에서 이 묵상의 원리를 확증한다. 시편 1편이 시편 전체에 있어서 서론의 역할을 한다는 점은 널리 받아들여지는 사실이다.[60] 주목할 바는, 시편 전체의 서론인 시편 1편이 하나님의 율법을 묵상하라고 권면하고 있다는 점이다.

시편 1편은 이야기를 들려준다. 시편 1편은 행복한 사람, 기뻐하는 사람에 대한 이야기이다. 하지만 그가 처한 상황을 볼 때, 우리는 왜 그가 기뻐하는지 의아할 수 있다. 비록 주인공이 행복한 사람(복 있는 사람)이라고 묘사되

59) 이 노래에는 여수룬이라는 이스라엘의 독특한 이름이 중심을 이루고 있는데(15절, 33:26 참고), 이러한 사실 때문에 어떤 이들은 이 노래가 다윗 시대 이전, 성막 시대 때 《야살의 책》이라고 불렸던 찬송가집의 '타이틀곡'이었다고 추측하고 있다. 이 '타이틀곡'에 이후의 통치자들이 다른 찬송들을 덧붙여서(수 10:13, 삼하 1:8) 《야살의 책》이라는 이름으로 찬송가집을 만들었던 것으로 추정하고 있다. 이 찬송가집은 다윗의 새로운 성전 조직과 함께 새로운 찬송가집(시편)이 만들어질 때까지 쓰여졌다고 본다. 어쩌면 성막 예배에서 다윗 언약 아래에서 행해졌던 성전 예배로 바뀌면서 이루어졌던 다양한 종교적인 변화 중 하나는 《야살의 책》을 《다윗의 시편》으로 바꾼 일인지도 모른다. (D. 크리스텐슨, "Jashar, Book of," 3.636~647), M. 레페브레, "The Hymns of Christ: The Old Testament Formation of the New Testament Hymnal."
60) M. 레페브레, "What is the Shape of the Psalter?" 4~5, 15쪽.

고 있지만(1절), 그가 죄와 유혹으로 둘러싸여 있기 때문이다('악인들의 꾀,' '죄인들의 길,' '오만한 자들의 자리').

시험에 들만한 상황에도 불구하고 시편 1편 속의 인물이 행복할 수 있는 이유는 바로 그가 원대한 소망을 가지고 있기 때문이다. 그는 의인들의 공동체가 하나님의 임재 안에서 언젠가는 함께 서 있을 미래를 보고 있다(5절). 지금은 비록 죄인들의 무리 속에서 '외로운 외부인'으로 남아있지만, 언젠가는 하나님의 뜰에 모인 의인들의 회중 속 '내부인'이 될 것이다. 그때가 되면 바람에 나는 겨와 같은 악인이 '외부인'으로서 쫓겨나게 된다. 시편 1편은 죄악으로 물든 이 세상에서도 현재의 기쁨을 찾을 수 있다는 가능성을 우리에게 보여준다. 이와 더불어 시편 1편은 이 경건한 사람이 어떻게 그 기쁨을 찾았는지도 알려준다. 그는 "오직 여호와의 율법을 즐거워하여 그의 율법을 주야로 묵상"(2절)함으로써 위대하고 영원한 하나님의 나라에 대한 약속을 붙잡고 기쁨을 찾을 수 있었다.

신자의 마음에 이렇게 큰 기쁨을 주는 이 경건의 훈련은 무엇일까? 시편 1편이 "그의 율법을 주야로 묵상함으로써", "여호와의 율법을 즐거워"(2절) 한다고 묘사하는 이 연습은 과연 무엇인가? 때때로 주석가들은 이스라엘의 찬송가인 시편이 하나님의 율법책을 묵상하는 (어쩌면 읽고 있는) 단 한 명의 인물의 예를 통해 소개된다는 점을 이상하게 생각한다.

이 행복한 사람은 과연 율법책을 읽고 있었을까? 아니면 하나님의 율법을 노래하고 있었을까? 함께 히브리어를 공부해보도록 하자(고통스러울 정도의 원어 공부는 아니라고 약속한다!). 시편 1편 2절에서 "묵상"이라고 번역된 동사는 히브리어로 '하가(הָגָה)'이다. 이 히브리어 동사는 단순히 무언가를 '발성하다'라는 뜻을 가지고 있다. 그러나 이 '하가'가 구체적으로 읽는 행위인지, 말하는 행위인지, 한탄하는 행위인지, 아니면 노래하는 행위인지 알려주지 않는다. 우리는 문맥을 통해 이 구절 안에서 어떤 종류의 발성이 이뤄지고 있는지 결정해야 한다. 그런데 여기서 '하가'라는 동사는 주인공이 하나님의 율법과 함께 소리내어 어떠한 행동을 하고 있음을 알려준다. 다른 말해, 시편 1편 속의 사람은 단지 조용히 묵상하고 있지 않다는 점이다.

영어 성경의 'meditate'는(아래에 언급할 여러 이유를 들어 볼 때) 꽤 좋은 번역이다. 하지만 이 단어는 무엇인가를 조용히 생각만 하지 행동적인 의미는 배제한다. 반면에, 히브리어 동사인 '하가'는 침묵이 아니라 발성의 의미가 있다.[61] 예를 들자면, 잠언 8장 7절에서 '하가'는 '지혜'가 거리에서 부르짖는 모습을 묘사하는 동사로 사용되었다. 시편 1편에서도 '하가'는 무언가가 (침묵이 아닌) 소리를 내어 행해지는 모습을 묘사하는 의미이다.

'하가'의 발성적인 성격을 아는 주석가들은 일반적으로 시편 1편의 "복 있는 사람"에 대한 다음 세 가지 결론을 도출해낸다. 복 있는 사람은 (1) 무언가를 암송하고 있거나,[62] (2) 무언가를 소리내어 읽고 있거나,[63] (3) 깊은 감정과 생각에 잠겨 알아들을 수 없는 신음 소리를 내고, 흐느끼며, 중얼거리고 있다.[64] 그러나 네 번째 가능성은 거의 언급되지 않는다. (4) 복 있는 사람은 노래하고 있다는 가능성이다.

'하가'라는 동일한 동사가 시편 안에서 사용된 최소 열 번 중의 세 번은 분명하게 '노래하는 행위'를 의미한다는 점을 비추어 볼 때, 네 번째 가능성이 거의 언급되지 않는 점은 놀라운 일이다.[65]

---

61) A. 니고이타, H. 링그렌, "hagah," 3.321~324쪽. M. 반 펠트, W. 카이저, "hgh I," 1.1006~1008. N. 사르나, 《On the Book of Psalms》, 38~39쪽 참고.

62) N. 사르나, 《On the Book of Psalms》, 36쪽. R. 데이빗슨, 《Vitality of Worship》, 11쪽.

63) 고대 시대에는 독서도 대개 조용히 읽기보다는 소리 내어 읽는 방식으로 행해졌다. 시편 1장 2절이 율법책을 읽는 지침이라는 주장에 대해서는 N. 와이브레이, 《Reading the Psalms》, 38~40쪽을 참고하라. 시편 그 자체를 낭독을 위한 '율법책'으로 보는 견해는 최근 들어 일반적으로 받아들여지고 있다(B. 차일즈, 《Introduction to the Old Testament》, 513쪽, J. 메이스, "The Place of Torah-Psalms in the Psalter," 4~5쪽, G. 윌슨, 《Application Commentary: Psalms》, 1.96).

64) S. 떼리앵, 《Psalms》, 73쪽.

65) 시편에서 '하가'는 열 번 등장한다. 시 1:2, 2:1, 35:28, 37:30, 38:12, 63:6, 71:24, 115:7, 143:5. 또한 '묵상'이라는 뜻의 '히가욘'은 세 번 등장한다. 시 9:16, 19:14, 92:3.

> …나의 입이 기쁜 입술로 주를 찬송하되
> 내가 나의 침상에서 주를 기억하며
> 새벽에 주의 말씀을 '*하가*'(노래)할 때에 하오리니…
> 내가 주의 날개 그늘에서 즐겁게 부르리이다
> (시 63:5~7).

> 나의 하나님이여 내가 또 비파로 주를 찬양하며…
> 이스라엘의 거룩하신 주여
> 내가 수금으로 주를 찬양하리이다
> 내가 주를 찬양할 때에 나의 입술이 기뻐 외치며…
> 나의 혀도 종일토록 주의 의를 '*하가*'(노래)하오리니
> (시 71:22~24).
> 밤에 부른 노래를 내가 기억하여 내 심령으로,
> 내가 내 마음으로 간구(히브리어로 '시아흐')하기를…
> 또 주의 모든 일을 '*하가*'(노래)하며
> 주의 행사를 낮은 소리로 되뇌이리이다
> (히브리어로 '시아흐')(시 77:6~12).

시편에서 언급된 이 히브리어 동사 '하가'의 다른 일곱 번의 용례 역시 노래하는 행위를 의미할 수도 있지만 명확하지는 않다. 그러나 적어도 위에서 언급하는 세 번의 용례는 '하가'가 노래하는 행위를 가리키는게 분명하다.

시편 1편을 기록한 시편 기자는 알아들을 수 있도록 노래하는 행위를 뜻하는 동사('노래하다'라는 뜻의 히브리어 동사인 '쉬르')를 사용하지 않았다. 그 대신에 '하가'라는 단어를 사용했다. 그리고 이 단어는 어떤 특정한 종류의 발성을 가리키기 위해 사용되기보다는 이 표현의 기저에서 일어나는 '마음의 활동'의 질과 깊이에 주목하려고 사용된다. 히브리어 동사 '하가'를 사용하는 이유는 화자가 행하는 발성의 특징을 부각하기 위해서이다. 이를 히브리어

학자인 아나스타지 니고이타(Anastasie Negoita)는 다음과 같이 설명한다.

> … '하가'는 말하는 행위를 지칭하는 일반적인 단어가 아니다. 말
> 하는 행위만을 의미하려고 했다면 히브리어에는 '아말(אמר),' '디버
> (דבר),' '카라(קרא)'와 같은 다른 단어들이 있다. 다른 한편으로, '하
> 가'는 종종 인간의 영혼이 느끼고 있는 감정을 표현하기 위해 사
> 용된다. 특히 '시아흐(שיח)'와 마찬가지로 '하가'는 어떤 사람이 '자
> 신의 종교에 온 정신을 쏟고 있는 상태,'로 하나님께서 행하신 일
> 이나 하나님의 뜻에 대한 생각으로 가득 차 있는 상태를 의미한
> 다.[66]

　다시 말하자면, 이 동사는 '말하는 행위'를 뜻하는 다른 동사들과는 다르
게 글쓴이의 입을 통해 표현되는 깊은 내면의 전인격적인 감정으로 독자의
시선을 끌고 싶을 때 사용하는 동사이다. 이 동사는 마치 '셀로판지'와 같다.
셀로판지를 통해 보면 투영되는 장면(고백의 전인격적인 성격)에 특정 색깔을
입힐 수 있지만, 그 장면 자체에 어떤 형태를 주지는 못한다(고백의 내용 자체
를 결정). 그렇기 때문에 시편 1편에서 사용된 '하가'라는 동사를 일반적으로
'묵상'이라고 번역한다. 하지만 만약 이 묵상이 구체적으로 독서나 낭독을
통해서만 이루어진다고 생각한다면 우리는 오류를 범하게 된다. 찬송을 포
함한 다양한 방법으로 이 묵상이 이뤄질 수 있다.
　곡조 있는 묵상집인 시편이 처음 시작부터 이러한 깊고 사색적인 묵상의
가치에 대해 극찬하고 있다면, 찬양은 시편 1편이 장려하고 있는 묵상의 다
양한 방법 중 가장 두드러진 방법으로 간주해야 한다. 여호와의 율법은 하
나님께서 자신의 백성에게 이루시겠다고 약속하신 의인들의 공동체를 묘사
하고 있다. 그리고 악인들의 성읍에 거하는 시편 1편 속의 의로운 사람에게

---

66) A. 니고이타, H. 링그렌, "hagah," 323쪽. J. 맥켄, 《NIB: Psalms》, 4.960 참고, "이 동사는 어떤 사람의
　　온 존재의 방향을 묘사한다."

하나님의 율법이 가르치는 바를 깊이 생각하도록 돕는 찬송이 있다. 이렇게 찬송을 부르는 방식은 큰 기쁨의 원천이 된다.[67]

내가 이 내용을 지나칠 정도로 강조하는 이유 중 하나는 여러분이 다른 시편 주석들을 펼친다면 나의 의견과 상충하는 전제를 가진 현대 학자들의 일반적 경향을 발견하게 되기 때문이다. 많은 학자는 1979년에 출간된 구약 성서 개론(Introduction to the Old Testament as Scripture)의 저자인 브레바드 차일즈(Brevard S. Childs)가 제시하는 바를 따르고 있다. 그 책에서 차일즈는 시편 1편의 복 있는 사람은 책을 읽고 있으며, 시편 1편의 목적은 이 찬송가를 찬송보다 독서라는 용도로 변환하는 데 있다고 주장한다.[68] 시편 1편에 대해 또 다른 신학자는 다음과 같이 말한다.

> 시편 1편의 서론적 역할은 포로 귀환 시대의 고대 이스라엘을 위해 시편의 기능 편은 이제 야웨로부터 온 교훈이 되어 경청을 요구한다.[69]

시편 1편의 중요한 동사인 '하가'가 실제로는 발성의 종류(예를 들자면, 낭독 vs. 찬송)라는 점에 대해 침묵하고 있으며, 그저 발성의 전인격적인 성격에 대해서만 말하고 있다는 점을 볼 때 이러한 결론은 매우 놀랍다. 더 나아가서, 이 책의 1장에서도 언급했듯이, 교회가 시편을 부르는 것보다 시편을 읽는 것을 강조하게 된 변화는 최근 몇 세기를 거치면서 생겨났다. '포로 귀환 시대의 고대 이스라엘'과 그 이후의 증거들은 실제로 시편이 하나님께 계속해서 불려져 왔다는 사실을 꽤 강하게 지지하고 있다. 시편 1편은 오늘날 많

---

67) 하나님의 율법에 대한 곡조있는 묵상으로서의 시편의 성격에 대해서는 P. 밀러, "Deuteronomy and Psalms"를 보라.

68) B. 차일즈, 《Introduction to the Old Testament》, 513쪽. "시편 1편은 읽고, 연구하고, 묵상하기 위한 용도를 가진 시편의 서론으로서 굉장히 중요한 기능을 한다."

69) N. 드 클레이세-월포드, 《Reading from the Beginning》, 43쪽. G. 윌슨, 《Application Commentary: Psalms》, 1.92 (n9), 96쪽. C. 브로일즈, "The Psalms as Instruction," 《NIB: Psalms》, 4.642, 665~666쪽. 클라스 세이볼드, 《Introducing the Psalms》, 24쪽. 메이스, 《Psalms》 15~16, 40~44쪽 참고.

은 학자가 추측하는 바와 같이 시편 사용의 급격한 변화를 도입하기 위한 서론이 아니다.

물론 찬양이 성경을 묵상하는 유일한 방법은 아니다.[70] 그러나 찬양은 고대 이스라엘이 사용했던 중요한 묵상 방법의 하나였다. 찬양은 시편 1편이 의도하고 있는 가장 주된 묵상 방법이다. 왜냐하면, 시편 1편은 시편이라는 전체 찬송가의 서론이기 때문이다. 시편 1편이 '하가'라는 히브리어 동사를 사용하는 이유는 하나님의 율법에 대한 묵상집인 시편을 사용할 때에 곡조 있는 묵상집이라는 본래 목적대로 우리의 마음에 즐거움을 경험하도록 격려하기 위해서이다. 시편 1편은 시편을 찬송함으로 죄악으로 물든 세상에서도 우리에게 즐거움과 경배를 가져다 줄 '마음의 활동'을 권하고 있다.[71]

묵상으로서의 찬송: 골로새서 3장 16절

이제까지 우리는 구약 성경 본문 두 곳을 통해 시편찬송을 '묵상'의 관점으로 보았다. 첫 번째 본문은 율법서의 끝부분이었고, 두 번째 본문은 찬송서의 시작 부분이었다. 사도 바울은 이와 같은 '마음의 활동'을 신약 교회의 찬송을 위해서 제시한다. 골로새서에서 바울은 찬송에 대한 친숙한 권면을 준다.

---

70) 수 1:8 참고. 여호수아는(독서를 통해, 왜냐하면 율법책이라고 구체적으로 묵상의 대상이 정해졌기 때문에. 하지만 시 1:2에서는 책이 언급되지 않았기 때문에 독서뿐만 아니라 다른 형태의 율법 묵상을 가리키고 있다는 우리의 해석에 무게를 실어준다) '율법책'을 묵상하도록 구체적인 명령을 받았다.

71) 시편 1편이 서론적으로 '즐거움'을 강조하고 있다는 이러한 해석은 시편 1편이 '순종'을 강조하고 있다고 제시하는 월터 브루그만의 영향력 있는 글(W. 브루그만, "Bounded by Obedience and Praise")과 반대되는 해석이다. 브루그만은 하나님의 율법을 묵상하는 이유는 순종을 불러일으키 위해서라고 주장한다. 그러나 시편 1편은 순종에 대해서는 아무런 언급조차 하지 않고 있다. 그 대신에, 시편 1편은 하나님의 율법을 묵상하게 되면 그 열매로서 즐거움을 얻을 것이라고 말한다(G. 그로겐, 《Psalms》, 262쪽 참고).

그리스도의 말씀이 너희 속에 모든 지혜로 풍부히 거하게 하여
시와 찬송가와 영적 노래로 서로 가르치고 훈계하며 너희 마음속
에서 은혜로 주께 노래하고(골 3:16, 킹제임스흠정역).

이전 장에서 우리는 이미 교회의 찬송이 대화라는 배경 속에서 행해진다
는 점에 주목했다. 하나님과 회중, 그리고 그리스도는 모두 '찬송의 대화' 속
에 참여하고 있다. 이번 장에서는 이 '찬송의 대화에서 교회가 맡은 역할의
묵상적인 성격에 대해서 이야기해 보려고 한다.

위의 구절에서 바울은 교회의 찬송을 그리스도의 말씀으로 인해 솟아난
지혜가 우리의 마음에 풍성하게 거하도록 하는 활동으로 묘사하고 있다.
우리는 왕이신 예수님의 찬송을 통해 그분의 말씀을 개인적으로 묵상할 뿐
만 아니라, **공동체적으로도** 묵상해야 한다("서로 가르치고 훈계하며"). 또한,
교회의 찬송은 주님께 대한 '마음속의 은혜'를 빚어가는 활동이기도 하다.

이러한 경배에 대한 바울의 묘사에 따르면, 시편의 가사 그 자체만으로 하
나님께 대한 우리의 경배를 완전하게 드러내는 것은 아니다. 하나님을 경배
한다는 행위는 그리스도의 말씀 안에서 우리의 곡조 있는 묵상을 가지고
우리의 마음속에서 주님에 대한 은혜를 일으키는 것을 말한다. 다시 말하자
면, 예배를 드릴 때 우리가 아무리 훌륭한 찬송을 부른다고 해도, 그 찬송
을 묵상하면서 부르는 와중에 우리 마음의 내면의 깊은 곳이 움직이지 않
는다면 하나님께서 원하시는 완전한 경배가 되지 않는다는 말이다.

하지만 오늘날 우리는 교회에서 찬송을 부를 때 이렇게 하나님을 경배하
는 데 익숙하지 않다. 우리는 우리가 부르는 찬송이 하나님께서 하시는 일
을 잔잔하고 아름답게 묘사해주는 정도만으로 기대한다. 그러나 시편은 하
나님께서 이루시는 일과 세상의 유혹 간의 뒤엉키고 복잡한 씨름 경기와 같

다. 현대의 회중에게는 세상의 유혹과 혼란에 대해 찬송하는 것이 이상하게 느껴진다. 그러므로 (첫 번째 장에서 서술한 바와 같이) 아이작 왓츠와 잉글랜드의 찬송가 작곡·작사 운동이 성경의 시편찬송을 기독교 예배에 만족스럽지 못한 찬송으로 여긴 데에서 시작했다는 건 그리 놀라운 일이 아니다. 하지만 은혜로운 가사가 하나님을 경배하는 건 아니다. 곡조 있는 묵상을 통해 솟아난 마음속의 은혜가 하나님을 경배하는 것이다. 그리고 그게 바로 시편의 주특기이다.

내 아이들은 나와 함께 자동 세차장에 가는 것을 좋아한다. 아들은 차 안에 앉아 비눗물 분사와 자동 솔질로 차가 세척되는 모습을 구경하며 즐거워한다. 나는 시편을 찬송하는 것을 자동 세차장에 가는 것으로 비유해 생각하곤 한다. 우리는 모든 타고난 먼지와 삶 속에서의 실망감을 가지고 시편으로 나온다. 시편은 우리를 그 자리에서 만나준다. 우리는 바퀴를 컨베이어 벨트에 올려놓고, 거기서부터 시편이 우리의 생각의 과정을 이끌도록 맡긴다. 시편을 따르라. 시편은 우리를 데리고 고압 세차, 분사, 솔질, 헹굼, 드라이어 등의 과정을 통과시키며, 우리의 신앙이 거룩해지도록 격려한다. 시편은 바로 이러한 의도된 완벽한 맞춤형 묵상 과정을 제공한다. 이 과정이 의미하는 바는 우리가 시편을 찬송할 때 (음악이 우리를 최면 상태에 빠뜨리도록 내버려 두지 말고) 주의하며 집중해야 한다는 뜻이다. 이렇게 묵상을 하며 시편을 찬송하게 되면 시편 그 자체가 말하고 있는 경배와 천국의 이상만큼이나 영광스러운 보상을 얻게 된다.

이제 우리는 왜 시편이 현대 교회들에게 어색한지 그 이유에 대해 알게 되었다. 시편은 잉글랜드의 찬송가 작곡·작사 운동에 빠져있는 현대 교회들에게 익숙한 '마음의 활동'과는 다른 종류의 '마음의 활동'을 의도하며 지어졌다. 우리는 나사를 집어 들고 망치로 내려치고 있다. 우리는 시편을 집어 들고(묵상을 통해 경배에 다다르려고 하지 않고) 곧바로 경배에 이르려고만 한다.

그래서 시편이 어색하게만 느껴진다. 하지만 문제는 시편 그 자체에 있지 않다. 문제는 찬송의 본래 의도에 대한 우리의 기대가 변해버린 점에 있다.

그리스도께서 우리에게 주신 시편을 더욱더 열매 맺는 방식으로 사용하기 위해서 우리는 묵상으로 찬송하는 법을 재발견해야 한다.

마틴 루터는 "시편 전체가 첫째 계명을 바탕으로 하는 묵상과 연습이 아니라면 무엇이란 말인가?"라고 물었다. 이러한 루터의 질문은 시편과 십계명의 제 일 계명 사이의 특별한 관계를 강조한다. 제 일 계명은 하나님만을 신실하게 섬기라는 명령이다. "너는 나 외에는 다른 신들을 네게 두지 말라"(출 20:3). 이 첫째 계명은 신실함의 표준이며, 시편찬송은 세상 속의 시험과 유혹에 맞서 우리가 그 신실함을 유지해갈 수 있도록 돕는다. '묵상과 연습'으로서의 시편찬송은 그리스도인의 신앙을 위한 하나님의 은혜의 수단이다.

하지만 우리가 시편을 "묵상과 연습"으로 부르기 위해서는 생각을 하면서 시편을 불러야 한다. 사도 바울은 생각하면서 찬송하는 것이 얼마나 중요한지에 대해 이렇게 말했다. "내가 영으로 찬송하고 또 마음으로 찬송하리라"(고전 14:15, 요 8:32 참고).

시편을 찬송할 때, 가사에 주목하라. 도움이 된다면, 곡조뿐만 아니라 가사에 좀 더 집중할 수 있도록 느리게 찬송하라. 어떤 시편을 찬송하기 전에 그 시편을 먼저 읽는 것도 도움이 될지도 모른다. 시편찬송을 함으로써 그 시편을 우리의 신앙 고백으로 삼기 전에 그 시편의 주제를 이해하기 위해 가끔은 주석도 들추어 보라.

회중이 다 함께 시편을 찬송할 때는, 예배 드리는 이들이 그 의미를 이해하면서 시편을 찬송하는 훈련을 하도록 돕는 게 매우 중요하다. 어떤 교회는 주일마다 한 시편을 '금주의 시편'으로 꼽아 찬송하기 전에 10분 정도 그 시편을 강해한다. 시편의 의미를 설명할 때는 회중이 그 시편을 찬송하면서 시편에 담긴 진리와 씨름하고 그 진리를 고백하는 데 도움을 주는 방향으로 강해를 해야 한다. 매주 시편 1편부터 시작해서 순차적으로 시편 전체를 살펴본다면 교회는 3년에 걸쳐 시편 전체를 찬송할 수 있다. 이러한 연습을 통해서 회중은 의미를 이해하면서 시편을 찬송하는 법을 배운다.

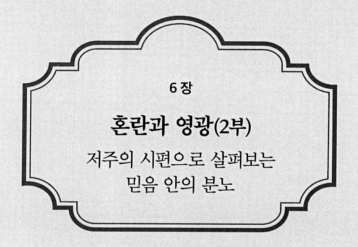

6 장

혼란과 영광(2부)

저주의 시편으로 살펴보는
믿음 안의 분노

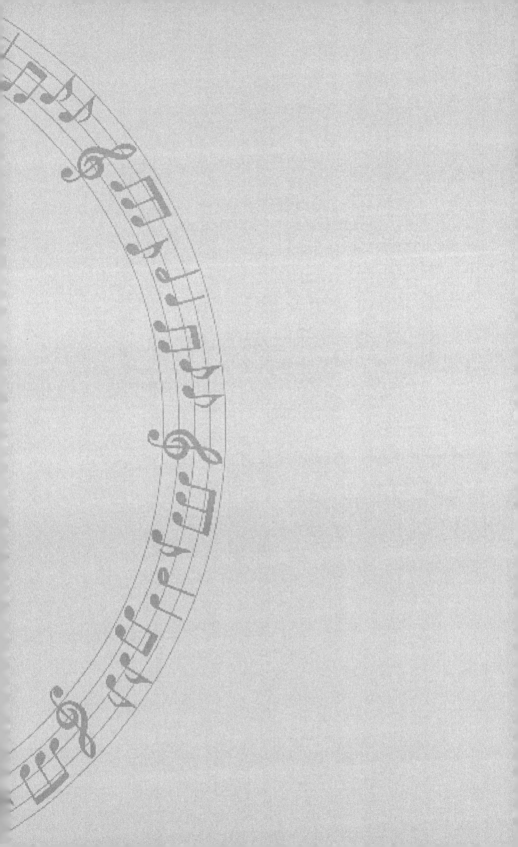

6장

혼란과 영광(2부):

저주의 시편으로 살펴보는 믿음 안의 분노

다리우스 왕의 수도에 사는 모든 사람은 벼랑 끝에 몰린 듯한 불안감을 느꼈다. 알렉산더 대왕은 페르시아의 서쪽 경계에서부터 진군해오며 제국의 심장으로 점점 다가오고 있었다. 알렉산더 대왕은 자신을 반대하는 모든 세력을 철저히 부숴왔다. 다리우스 왕은 참모들을 불러 이소스 시를 공격해 알렉산더 대왕이 지휘하는 마케도니아 군의 전진을 막을 계획을 세웠다.

고대 그리스 역사가인 디오도로스에 의하면, 다리우스 왕의 조언자 중 한 명은 카리데무스라는 이름의 용병이었다. 참모진 회의가 격해지면서 카리데무스는 이성을 잃고 다리우스 왕을 비겁한 겁쟁이라고 모욕하였다. 이에 격분한 다리우스 왕은 카리데무스를 잡아가 처형하라고 명령했다. 호위병들은 재빨리 카리데무스를 사형수 수감소로 데려갔다. 그의 처형이 준비되는 동안 카리데무스는 수감소에 갇혀 있었다.

디오도로스의 기록에 따르면, 얼마 지나지 않아 다리우스 왕의 분노가 가라앉았고, 왕은 카리데무스를 처형하라는 자신의 성급한 명령에 대해 후회했다고 한다. 다리우스는 더 늦기 전에 카리데무스에 대한 자신의 판결을 철회하고 그를 풀어주려 애썼다. 하지만 페르시아의 법에 따라 왕이라 할지라도 한 번 내려진 판결을 뒤엎을 수는 없었다. 그렇게 카리데무스는 처형되었고, 다리우스 왕은 극심하게 후회했다고 한다(아, 그리고 이소스 전투에서 다리우스 왕은 패배하였다).[72]

　분노로 인해 큰 손해를 보고 뒤늦은 후회를 하게 된 다리우스 왕에게 공감이 가는가? 수 세기에 걸쳐 왕들조차 분노로 이성을 잃고 나중에 후회하게 될 말을 내뱉은 적이 많다. 그렇다면 시편을 찬송하는 왕의 분노에 대해서 우리는 어떻게 생각해야 할까?

　시편들 중에는 분노가 명백하게 느껴지는 시편들이 있다. 심지어 분노로 가득 찬 어떤 시편은 적을 향해 저주를 퍼붓기도 한다. 페르시아 제국의 다리우스 왕처럼 다윗 왕도 그저 분노로 이성을 잃었던 것일까? 시편 109편이 퍼붓는 충격적인 저주의 말씀을 한 번 생각해보라.

> 그의 연수를 짧게 하시며
> 그의 직분을 타인이 빼앗게 하시며
> 그의 자녀는 고아가 되고
> 그의 아내는 과부가 되며…
> 그에게 인애를 베풀 자가 없게 하시며…
> 그의 자손이 끊어지게 하시며…

　이 책의 1장에서도 언급됐듯이 이런 말씀이 시편에 포함된 이유로 현대 찬송 작곡·작사 운동의 지도자들은 시편찬송을 새로운 찬송으로 대체하기 원했다. 그들은 이러한 저주의 표현을 유감스럽게, 심지어는 '그리스도인답지 않게' 여기며 새로운 찬송가를 작곡하고 작사했다. 하지만 하나님께 드리는

---

72) 디오도로스, 《Histories》, 17.30.1~7. (이와 비슷하지만 행복한 결말을 맞은 다니엘에게 내려진 판결은 단 6:1~29를 참고하라)

경배에 이러한 독설이 있어서는 안 된다는 성급한 결론을 내리기 전에, 우리는 왜 이러한 저주의 말들이 이스라엘의 경배에 한 부분으로 있었는지를 먼저 고려해야 한다. 이러한 저주의 말들이 시편에 포함되어 있다는 건 유감스러운 일일까? 아니면 저주의 시편은 현대 예배가 상실한 기독교 경배의 중요한 부분 중의 하나일까?

사도행전 1장 20절을 보면 베드로는 위에서 제시하는 시편 109편의 저주의 말들을 예수님의 말씀으로 인용한다(또한, 이 저주의 말들은 유다의 사도직을 박탈하는 근거가 된다). 물론 이런 식의 기도는 우리를 불편하게 한다(또 우리를 불편하게 만들어야 한다!). 하지만 이러한 기도 역시 하나님께서 주신 기도이며 그리스도께서 이끄시는 기도이다. 저주의 시편은 우리에게 즐거움을 주기 위해서 주어진 시는 아니다. 그런데도 저주의 시편이 가진 독설의 말들은 우리의 신앙과 예배를 위해 주어졌다.

한 가지는 분명하게 하자. 시편 전체를 놓고 볼 때 저주의 시편은 그리 흔하지 않다. 시편 전체가 저주 시편에 그리 많은 강조점을 두지 않는데도 불구하고 저주의 시편을 가지고 이 책의 한 장 전체를 할애한다는 건 사실 균형에 맞지 않다. 그런데도 불구하고 시편을 찬송하며, 은혜롭게 시편을 부르기를 원하는 이들에게 이러한 저주 시편이 주는 어려움이 있다는 걸 알기에 저주의 시편을 살펴보는 것은 중요하다. 이번 장에서 나는 기독교 신앙과 예배에 있어서 저주의 시편이 가지는 역할을 이야기해 보려고 한다.

기독교 신앙에서 심판이 차지하는 위치

우리가 첫 번째로 해야 할 일은 기독교 신앙에서 심판이 어떤 역할을 차지하고 있는지를 일반적인 측면에서 분명하게 하는 것이다. 창세기에 나타난 하나님의 심판의 전형인 홍수 심판을 살펴보는 데서 시작하는 게 좋겠다.

노아와 방주 이야기를 모르는 사람은 없다. 대홍수가 일어나는 동안 방주 안에서 안전하게 보호된 노아와 동물들에 대해서도 들어봤을 것이다. 하지만 이 이야기가 소개되면서 등장하는 '노아'라는 이름의 의미에 대해서는 생각해본 적이 있는가?

창세기 5장의 마지막 부분에는 노아의 아버지가 전한 어떠한 예언과 함께 노아의 이야기가 소개된다. 이 예언은 노아가 살던 시대 때 오게 될 홍수를 설명하는 내용이다.

> 라멕은 백팔십이 세에 아들을 낳고 이름을 노아(히브리어로 '노아 흐(חנ)')라 하여 이르되 여호와께서 땅을 저주하시므로 수고롭게 일하는 우리를 이 아들이 안위(히브리어로 '나함(חמנ),' 직역하면 '안식'이라는 의미)하리라 하였더라(창 5:28~29).

노아의 아버지인 라멕은 아담에게 약속되신 분, 에덴의 저주에서 아담의 자손들을 구원할 그분을 계속해서 기다리는 믿음의 후손이었다. 노아는 메시아가 아니었다. 하지만 노아는 그리스도의 구속 사역에 참여하여 하나님의 백성에게 안식을 가져다 줄 사람이었다. 그렇기 때문에 라멕은 자기 아들을 '안식'이라는 뜻을 가진 '노아'라고 이름 붙였다. 이 사실이 흥미롭지 않은가? 노아의 이름과 그가 살던 시대에 하나님께서 행하실 일은 안식의 일이 될 것이었다. 세상에 존재하는 악인들을 지표면에서 모두 쓸어버린 홍수는 위대하고 두려운 심판이었다. 하지만 그 심판의 목적은 안식에 있었다.

미국의 정치인들이 시장이나 주지사 또는 대통령과 같은 행정적 수장을 목표로 할 때, 그들이 언제나 내세우는 약속 중 하나는 바로 '치안'이다. 거리에 악한들이 아무런 제재 없이 활개 치고 다닌다면, 도시 전체가 불안전해지고 어떠한 좋은 업무들도 멈춰버리고 만다. 그렇기 때문에 주지사의 호의와 치안 판사의 선함은 악한 이들에게 악한 행위를 그만두라고 강력하게 경고한다. 만약 그들이 거절할 경우, 그 악한 행위를 멈추게 하는 수단을 통해 지도자의 공의와 선은 드러나게 된다.

마찬가지로, 하나님은 노아를 임명하시고 그로 하여금 120년 동안 그 세대를 향해 경고의 메세지를 전하도록 하셨다. 비록 그의 경고는 별로 열매를 맺지 못했던 것처럼 보이지만, 적어도 노아는 경건한 아내와 세 아들을 둔 것으로 보인다. 노아의 경고에도 불구하고 때가 찼을 때 하나님께서는 구원받는 노아와 그의 가족을 제외한 모든 악인들에게 끔찍한 심판을 내리셨다.

판사가 의사봉을 두드리고 정의가 행해질 때만이 의인은 악인들의 폭력과 잘못으로부터 마침내 안식을 되찾을 수 있다. 극심한 불의를 당하는 때에 언젠가 이러한 심판이 내려질 거라는 희망은 고통받고 있는 영혼에게 위로를 주고 힘이 된다. 그리스도의 재림과 이 시대의 끝을 바라보는 모든 그리스도인은 최후 심판이 내려질 때 오게 되는 안식을 고대하고 있다. 심판에 대한 기대는 기독교의 소망에서 떼려야 뗄 수 없는 요소이다.

어떤 이들은 저주의 시편이 기독교 교회에는 절대로 발을 붙일 수 없는 '구약 시대 윤리'의 잔재라고 주장한다. 하지만 우리는 심판을 위한 기도가 구약 성경뿐만 아니라 신약 성경에도 나타난다는 사실을 알아야 한다.

마가복음 11장 12~26절은 예수님께서 성전을 저주하신 일화를 들려준다. 또한, 마태복음 23장 1~36절은 예수님께서 서기관들과 바리새인들에게 퍼부으신 저주의 말씀을 담고 있다. 구브로 섬에서 바울은 마술사 엘루마에게 심판을 선포한다(행 13:10~11). 베드로 역시 사도행전 8장 20절에서 마술사 시몬에게 그리스도의 심판을 선포한다. 심지어 바울은 갈라디아서 1장 8~9절에서 교회에 이단의 가르침을 전하는 자들에게 그리스도의 저주를 선포하라고 교훈한다(딛 3:10~11, 요일 5:16 참고). 더 나아가, 요한계시록은 하늘에 있는 성도들이 교회의 적들에게 심판이 내려지도록 하나님께 기도한다고 묘사한다(계 6:10).

저주의 말씀은 결코 구약 성경에서만 드러나지 않는다. 저주는 성경 전체에 걸쳐서 나타나며, 심지어 사도들과 그리스도와 하늘에 있는 회중의 입으로부터 나오기도 한다.[73] 하지만 이러한 저주는 언제나 하나님의 심판의 표현이지 개인적인 복수심의 표현으로 나타나지 않는다. 이는 매우 중요한 사실이다. 그뿐 아니라 예수님은 마가복음 11장과 마태복음 23장에서 저주를 내리신 직후 용서(막 11:24~25)와 회복(마 23:37~39)에 대해 가르치신다.

예수님은 용서에 대해 가르치시며 바로 이전에 퍼부으신 저주에 대해 후회하시는 게 아니다. 예수님이 우리에게 보여주시려는 바는 심판이 은혜와 용서의 복음과 조화를 이룰 수 있다는 사실이다. 또한, 예수님은 우리가 하나님의 심판을 선포할 때조차 은혜의 마음을 가지고 있어야 한다고 가르치신다.

사도 바울이 기록한 한 본문이 여기에서 도움이 될 수 있다. 로마서 12장에서 바울은 교회에 "너희를 박해하는 자를 축복하라. 축복하고 저주하지 말라"라고 가르친다. 바울은 박해하는 자들을 용서할 수 있는 근거가 바로 하나님께서 언젠가 교회를 박해하는 이들에게 심판을 내리실 것이라는데 있다고 말한다. "하나님의 진노하심에 맡기라 기록되었으되 원수 갚는 것이 내게 있으니 내가 갚으리라고 주께서 말씀 하시니라(롬 12:14~21)." 바울에 의하면 우리가 우리 자신의 저주로 우리를 박해하는 자들을 저주하지 않을 수 있는 이유는 바로 하나님의 저주가 그들에게 내려질 것을 알기 때문이다.

그렇다면 성경의 가르침에 따라 우리는 심판에 대한 중요한 구분을 지어야 한다. 그리스도인은 (자신이 아닌) 하나님께서 모든 도덕적이고 육체적인 잘못에 있어 심판자가 되신다는 점을 믿는다. 그러므로 우리는 우리에게 잘

---

73) 존 N. 데이는 달라스 신학교에서 수학하는 동안 "The Imprecatory Psalms and Christian Ethics"라는 훌륭한 논문을 썼다. 이 논문은 구약 성경의 저주와 신약 성경의 저주 사이의 관계를 고찰하는 내용이다. 데이의 논문은 최근에 《Crying for Justice》라는 제목으로 출간되었으며, 〈Bibiotheca Sacra〉라는 잡지에 "The Imprecatory Psalms and Christian Ethics"라는 이름으로 그 요약본이 실렸다.

못을 저지르는 자들에게 우리 자신의 손으로 심판을 내리지 않는다. 그런데도, 회개하는 모든 자에게 주어지는 하나님의 용서의 약속을 선포하면서, 우리는 동시에 회개하지 않는 모든 자에게 내려지는 하나님의 심판의 약속 또한 선포한다. 심판에 대한 선포는 복음 선포의 일부이다. 시편은 (회복을 가져오는) 하나님의 용서에 대해 찬송할 수 있도록 도울 뿐만 아니라 우리가 타락한 세상에서 (안식을 가져오는) 하나님의 심판에 대해 찬송할 수 있도록 한다.

저주의 노래: 시편 137편

　시편에 있는 모든 저주 시편 중에서 137편만큼이나 생생한 묘사로 어려움을 유발하는 저주의 노래는 아마도 없을 것이다. 이 시편은 에돔과 바벨론에 대한 생생한 저주의 말로 끝난다(9절).

> 네 어린 것들을 바위에 메어치는 자는 복이 있으리로다.

　여러분이 만약 시편 137편에 대한 주석들을 펼쳐본다면 주석가들이 본문 속의 이 끔찍한 묘사를 설명하기 위해 온갖 방법을 동원하는 걸 알 수 있을 것이다. 어떤 주석가들은 이 구절이 신약 성경의 신앙과 부합하지 않는 구약 성경만의 윤리로 치부한다.[74] 다른 주석가들은 시편 기자가 이 구절에서 분노를 표출하고 있다며 이러한 표현을 '죄악 된 것'으로 못 박아버린다.[75] 또 다른 주석가들은 이 구절을 순화시키기 위해 시편 기자가 비유적으로 "[죄를

---

74) R. 작크, "Problem of the Imprecatory Psalms," 73쪽.
75) W. 브루그만, 《Message of the Psalms》, 85~86쪽, P. 크레이그, 《WBC: Psalms 1~150》, 1.50.

향한 작은 욕망의 시작"76) 을 끊어버리는 시도라고 해명함으로써, 시편이 실
제로 갓난아기들에 대해 말하고 있다는 사실을 회피한다. 가장 눈에 띄는
해결 방법 중 하나는 다른 많은 시편 낭독문과 운율에 맞춘 시편찬송들이
그렇게 한 것처럼, 9절 자체를 아예 지워버리는 것이다.77)

　이러한 해석들의 접근 방식은 어떻게 이 끔찍한 기도가 기독교 찬송에 어
울릴 수 있는지 설명하면서 기독교가 가진 은혜의 정신을 표출하는데 더욱
중점을 둔다. 하지만 (심판은 반드시 끔찍하고 두려운 것이 되어야 하므로) 이 구
절을 회피하거나 순화하기보다는 이 시편이 시편 전체에서 어떤 역할을 하
고 있는지를 규명해서 기독교 신앙에서 저주의 시편이 차지하는 위치가 무
엇인지를 인식하는 게 좋겠다.

　그리스도의 제자 된 우리가 저주의 시편마저 어떻게 유익하게 찬송할 수
있는지 고민하며 다시 한번 시편 137편을 함께 살펴보도록 하자. 이 시편의
초반부(1~4절)는 이 슬픈 시편의 어조와 배경을 우리에게 귀띔해준다.

> 우리가 바벨론의 여러 강변 거기 앉아서 시온을 기억하며 울었도
> 다 그 중의 버드나무에 우리가 우리의 수금을 걸었나니 이는 우
> 리를 사로잡은 자가 거기서 우리에게 노래를 청하며 우리를 황폐
> 케 한 자가 기쁨을 청하고 자기들을 위하여 시온 노래 중 하나를
> 노래하라 함이로다 우리가 이방에 있어서 어찌 여호와의 노래를
> 부를꼬

　역사적으로 이 시편은 유다가 바벨론에 끌려가 포로 생활을 한 시기(왕하
24-25장)를 상기시킨다. 기원전 587년 즈음에 느부갓네살의 군대는 예루살렘

---

76) C. S. 루이스, 《Reflections on the Psalms》, 136쪽.
77) J. 벨스, 《Psalms of Patience》, 《Protest and Praise》. 이 찬송가집에서 벨스가 시편 137편의 마지막 구
절이 찬송을 할 때는 설사 삭제될지라도 설교를 할 때는 절대로 삭제되서는 안 된다고 한 말에 주목하
라.

을 함락시켰다. 바벨론의 군대는 수많은 유대인을 겁탈, 약탈, 고문하고 도시에는 불을 지르며 유다 왕국을 폐허로 만들었다. 그 뿐만이 아니라 그들은 남아있는 유대 생존자들조차 포로로 잡아갔다.

나는 런던에 있는 대영 박물관에서 앗수르 왕 산헤립의 라기스 점령(대하 32:9)에 대한 석판을 몇 시간에 걸쳐 연구해보기 전까지 이러한 전쟁이 얼마나 끔찍한지 제대로 이해하지 못했다. 대영 박물관에 갈 기회가 있다면 산헤립의 라기스 점령을 생생한 그림으로 묘사하고 있는 62피트 높이의 석판을 꼼꼼히 살펴보기를 권한다. 이 석판은 비록 영상이 아닌 바위를 매체로 사용하고 있지만 스티븐 스필버그 감독의 전쟁 영화만큼이나 생생하다. 이러한 전쟁에서의 승리자들은 굉장히 잔혹한 짓을 저지르곤 했다.

현대 서구 사회에 사는 그리스도인들이 시편 137편과 같은 저주의 노래를 두고 어쩔 줄을 모르는 이유 중 하나는 현대인들이 이 시편들의 배경과 같은 끔찍한 일을 겪어보지 못했기 때문일 수 있다. 어쩌면 우리는 이러한 저주의 시편을 부를 상황을 회피하고 싶을지도 모르겠다. 그러나 우리는 시편이 안락하고 안전한 삶을 사는 그리스도인들만을 위해 기록되지 않았다는 사실을 기억해야 한다. 시편은 모든 시대와 모든 문화와 모든 상황을 넘어 교회 전체를 위해 기록되었다. 하나님의 백성에 대한 잔혹한 핍박이 들끓어 오를 때, 그리스도께서 인도하시는 정의의 찬송인 저주의 시편은 우리가 경험하는 깊은 고통과 고난을 어떻게 이해해야 하는지 가르쳐준다. 안락한 삶이 영위되는 서구 사회에서도 그리스도인들은 박해의 상황과 깊은 영적, 정서적 고통을 겪을 때가 있다. 바로 그때에 우리는 그리스도께서 인도하시는 의로운 찬송과 그리스도가 행하신 복음의 구속 사역의 한 부분이 되는 '해소가 필요하다. 바벨론의 점령이 끝난 며칠 후가 바로 그런 상황이었다.

이 시편에는 고통이 묻어 나온다. 하지만 이 시편의 초반부가 단순히 우리에 대한 바벨론의 잔혹한 행동에 집중하고 있지 않다는 사실에 주목하라.

시편 기자와 유다 백성을 가장 비통하게 만드는 건 바로 바벨론 사람들이 여호와를 조롱하고, 그분의 성전을 폐허로 만든 일 때문이었다! 이 시편은 개인적인 원한에 불타는 찬송시가 아니다. 이 시편은 슬픔의 시기를 지나면서 '시온을 기억하도록' 도와주는 '찬송시'다. 이 시편은 대적들이 주는 고통이 궁극적으로는 하나님의 공동체에 가하는 고통이라는 점을 기억하도록 돕는다. 다메섹 도상에서 그리스도가 박해자 사울에게 나타나서서, "사울아 사울아 네가 어찌하여 나를 박해하느냐"(행 9:4)라고 하신 장면을 상기해 보아라. 이 시편은 주님에 대한 사랑의 표현이다. 주님의 자녀들에게 가해지는 폭력이 결국에는 주님 그분에게 가해지는 폭력과 같음을 중심 주제로 삼고 있다(마 18:6 참고).

먼저, 시편 137편의 화자인 우리는 과거에 바벨론 사람들이 하나님의 성전을 어떻게 범했는지를 기억한다("시온을 기억하며"). 그리고 나서 우리는 여전히 멈추지 않고 계속되는 조롱과 핍박으로 인해 괴로워한다. 여기서 조차 "우리를 사로잡은 자가… 우리에게 노래를 청하며… 자기들을 위하여 시온의 노래 중 하나를 노래하라"고 요구한다! 우리가 어떻게 이방 땅에서 여호와의 노래를 부를 수 있겠는가?

시편 137편의 초반부가 집중하는 바는 바벨론 사람들이 계속해서 이스라엘의 하나님을 조롱하고 있다는 점이다. 바벨론 사람들은 포로로 끌려온 유다 백성에게 하나님의 위대하심을 자랑하는 노래를 부르라고 요구한다. 그리고는 유다의 시편 속에서 웅장하게 높여지지만 결국에는 자신들이 굴복시킨 성전과 그 백성의 하나님을 비웃는다. 유다 왕국의 포로들은 버드나무에 수금을 걸고 슬피 울 뿐이었다. 이런 끔찍한 일이 일어나도록 허락하신 하나님의 영광과 위대함에 대해서 그들이 어떻게 찬송할 수 있겠는가?

여러분은 과거에 어떤 형태로든지 이런 비슷한 기분을 맞닥뜨렸던 적이 있는가? 여러분이 경험한 그러한 가슴 아픈 사건들이 벌어질 때까지 가만히

계셨던 하나님을 내가 어떻게 경배할 수 있겠는가? 바로 그 지점에서 시편
137편과 같은 저주의 시편이 기독교 신앙과 찬양을 유지하는 데 매우 중요
한 역할을 한다. 우리가 죄를 지으면 회개의 시편을 펼쳐야 한다. 그와 같이
하나님께서 조롱을 당하실 때면 그 문제를 다루는 시편을 살펴봐야 한다.
본문의 5~6절이 어떻게 화자로 하여금 자신의 신앙을 붙잡도록 하는지 주
목해보자.

> 예루살렘아 내가 너를 잊을찐대
> 내 오른손이 그 재주를 잊을찌로다
> 내가 예루살렘을 기억지 아니하거나
> 내가 너를 나의 제일 즐거워하는 것보다
> 지나치게 아니할찐대
> 내 혀가 내 입 천장에 붙을찌로다

　시편 기자가 9절에 가서 바벨론과 에돔의 갓난아기들에게 내리는 충격적
인 저주로 인해 우리는 곧잘 이 시편 속의 저주가 양날을 가지고 있다는 사
실을 지나치곤 한다. 이 시편을 부를 때 등장하는 첫 번째 저주는 바로 우
리 자신을 향하고 있다.

　세상 앞에서 몰락하는 교회를 보며 우리는 어떻게 하나님을 경배할 수 있
을까? 1~5절은 마치 우리에게 항복하라고 소리치듯 들린다. 더 이상 노래할
수 없는 상황이다. 그러나 우리는 반드시 노래해야 한다. 우리는 반드시 계
속해서 수금을 켜야 한다. 우리는 반드시 계속해서 우리의 혀를 움직여 예
루살렘의 하나님을 노래해야 한다. 만약 포로 생활 동안 유다 백성이 신앙
과 영광의 시편을 제쳐두고 하나님의 주권적인 구속에 대한 그들의 믿음을
저버렸더라면 그들의 손과 그들의 혀는 더 이상 존재의 이유가 없어져 버리
게 된다. 우리가 존재하는 이유 역시 하나님께 영광을 돌리기 위함이다. 만

약 우리가 더 이상 하나님께 영광을 돌리지 않는다면, 우리가 하는 모든 다른 행위들 역시 멈춰져야 한다.

　비록 남은 자들의 첫 번째 귀환까지 70년이라는 긴 세월이 걸리긴 했지만, 하나님께서는 자신의 백성을 바벨론의 포로 생활로부터 분명 건지셨다(렘 29:10, 스 1:1). 그 시기에 살던 많은 유다 백성은 그들이 거주하고 있던 외지에 이미 동화되었기에(유다 백성의 2세들은 바벨론을 고향으로 알고 자랐다) 폐허가 되어버린 고향으로 돌아가서 재건에 힘쓴다는 건 썩 구미가 당기는 일이 아니었다. 에스라는 그와 함께 고향으로 돌아갈 사람들을 모집하는데 어려움을 겪었다(스 8:15~20). 하지만 하나님의 섭리 안에 '자신이 가장 즐거워하는 것보다 더 즐거워하여 예루살렘을 기억한' 자들이 아직도 남아 있었다. 그들은 고향으로 돌아가 자신들의 고향을 재건하는 일에 힘썼다.

　결혼식 식순 중에 신랑과 신부는 증인들 앞에 서서 '아플 때나 건강할 때나, 풍족할 때나 부족할 때나, 기쁠 때나 슬플 때나' 서로에게 진실할 것을 약속하는 서약을 한다. 우리를 향한 하나님의 사랑은 그 서약보다 얼마나 더 확실한가! 그 사랑 안에서 우리는 그분의 언약에 우리의 믿음을 두고 그분을 향한 우리의 헌신을 다짐한다. 시편 137편의 그리스도는 언약의 왕으로서 깊은 슬픔과 불의 가운데에서도 하나님께 신실함을 고백하는 자리로 우리를 이끄신다. 이 시편의 첫 번째 저주는 우리가 우리 자신에게 선포하는 저주다.

　이제 시편 137편의 두 번째 부분으로 가면서 바벨론과 에돔의 박해자들에게 하나님의 심판을 선포하는 자리로 우리가 나아가는 걸 발견하게 된다 (7~9절)

　　　여호와여 예루살렘이 해 받던 날을 기억하시고
　　　에돔 자손을 치소서

저희 말이 훼파하라 훼파하라

그 기초까지 훼파하라 하였나이다

여자 같은 멸망할 바벨론아

네가 우리에게 행한 대로 네게 갚는 자가 유복하리로다

네 어린것들을 반석에 메어치는 자는 유복하리로다

　내가 C.S. 루이스(C.S. Lewis)의 《나니아 연대기》(The Chronicles of Narnia)에서 가장 좋아하는 장면은 바로 비버 부부가 루시에게 처음으로 사자 아슬란(그리스도를 비유하는 등장인물)에 대해 말해줄 때이다. 사자 아슬란에 관한 이야기를 들으며 불안해하던 루시는 비버 부부에게 묻는다. "그는 안전한가요?" 그런 루시의 질문에 비버 씨가 대답한다. "물론 그는 안전하지 않지. 하지만 그는 선하단다." 그리고 나서 《나니아 연대기》 전반에 걸쳐 반복되는 주제를 담고 있는 한 문장을 던진다. "그는 길들여진 사자가 아니란다."[78]

　저주의 시편은 예수님은 선하신 왕이시지만, 결코 '길들여진' 왕이 아니라는 점을 우리에게 상기시킨다. 예수님은 정의로우신 왕이시다. 그분은 자신의 백성을 사랑하시고, 그들을 돕기 위해 달려오신다. 때로는 그의 교회에게 평안을 가져다주시기 위해 우리를 박해하는 자들을 회개와 믿음 안에서 굴복시키신다. 마치 한때 교회를 핍박했던 사울이 교회를 위한 위대한 사역자로 회심한 사건처럼 말이다(행 9:1~31). 얼마나 영광스러운 구원인가! 그러나 하나님은 때때로 그의 백성을 박해하는 자들에게 정의를 행하심으로 평안을 가져오신다. 야고보에게 사형 선고를 내리고 베드로를 처형하려고 했던 헤롯 왕에게 벌을 내리셨던 일처럼 말이다. 그러한 징벌로 인해 '하나님의 말씀은 흥왕하고 더해졌다'(행 12:1~24).

　하나님께서는 그분 자신의 지혜로 이 모든 일을 행하신다. 우리는 어떠한

---

78) C.S. 루이스, 《Chronicles of Narnia》, 146쪽("Not A Tame Lion," 194, 677, 679, 682, 707쪽).

특정 방식을 하나님께 요구할 위치에 있지 않다. 그리고 우리에게 용서를 위해 기도하라고 가르치는 성경은 핍박을 받을 때에 하나님의 심판을 위해 기도하라고 가르친다. 이는 모순인가?

신약 성경에 등장하는 순교자 스데반은 배교한 성전을 향해 저주를 선포했다는 죄목으로 체포된다(행 6:14). 스데반이 재판 중에 자신을 핍박하는 자들을 직접 정죄(행 7:51~53)했다는 사실이 나에게는 흥미로운 점이다. 이 스데반은 그들을 정죄함과 동시에 하늘을 우러러보며, 하나님께서 자신의 적들을 용서해 주시길 기도하였다(행 7:60). 그리고 이후에 일어난 일련의 사건들은 심판과 용서에 대한 스데반의 기대가 모두 맞았다는 점을 보여준다. 하나님께서는 성전과 그 지도자들에게 심판을 내리셨지만(성전은 기원후 70년경 로마인들에 의해 파괴되었음), 그 심판을 내리시기 전에 적어도 한 명(사울)에게는 회개와 용서를 베푸셨다. 하나님께서는 용서와 심판을 통해 그분의 교회에 안식을 주셨다. 그러므로, 스데반이 용서와 심판을 둘다 기도했던 일은 옳은 일이었다.

예수님께서 저주에 대해 가르칠 때 우리는 심판을 위해 기도하되 동시에 용서하는 마음을 가지고 기도하라고 권면 받는다는 점을 다시 한번 상기하자. 마가복음에 나오는 심판과 저주에 대한 예수님의 말씀을 직접 인용해보겠다. 이 가르침 바로 직전에 예수님은 (무화과나무의 비유를 통해)열매를 맺지 못한 성전에 대해 저주를 선포하셨다. 제자들은 예수님의 이 능력 있는 심판의 말씀에 놀라워했으며, 이를 계기로 예수님과 제자들은 심판에 대해 서로 대화를 주고받는다.

> 베드로가 생각이 나서 여짜오되
> 랍비여 보소서 저주하신 무화과나무가 말랐나이다.
> 예수께서 대답하여 저희에게 이르시되
> '하나님을 믿으라 내가 진실로 너희에게 이르노니

누구든지 이 산더러 들리어 바다에 던지우라 하며
그 말하는 것이 이룰 줄 믿고 마음에 의심치 아니하면
그대로 되리라. 그러므로 내가 너희에게 말하노니
무엇이든지 기도하고 구하는 것은 받은 줄로 믿으라
그리하면 너희에게 그대로 되리라. 서서 기도할 때에 아무에게나
혐의가 있거든 용서하라. 그리하여야 하늘에 계신 너희 아버지도
너희 허물을 사하여 주시리라.' 하셨더라
(막 11:21~26).

　'번영 신학'을 가르치는 사람들에게 있어서 이 본문은 원하는 게 있으면 그게 무엇이든지 기도하라는 주장의 근거가 된다. 그러나 전체 문맥을 살펴보면, 이 본문이 저주의 기도에 대해서 가르치는 내용이라는 사실을 알 수 있다. 예수님은 제자들 역시 하나님의 이름과 그분의 백성이 모독당하는 일을 보게 될 것이라고 말씀하신다. 그리고 그때에 예수님은 제자들에게 그들의 눈앞에서 "이 산"에 심판을 선포하셨듯이 심판을 위해 기도 해야 한다고 가르치신다. 하지만 예수님은 "서서 기도할 때" 자신의 마음에서 원한을 지우고 용서해야 한다는 말씀을 곧바로 덧붙이신다. 하나님께서 심판하러 오실 때, 우리는 우리 자신이 그 심판 아래 놓이지 않도록 우리의 마음이 올바른지를 먼저 살펴야 한다는 말씀이다.
　이와 비슷한 모습이 마태복음 23장에서도 등장한다. 예수님은 서기관들과 바리새인들에게 '화가 있을 것'임을 선포하시고(1~33절), 예루살렘에 심판을 선포하신다. "…그러므로 의인 아벨의 피로부터 성전과 제단 사이에서 너희가 죽인 바라갸의 아들 사가랴의 피까지 땅 위에서 흘린 의로운 피가 다 너희에게 돌아가리라 내가 진실로 너희에게 이르노니 이것이 다 이 세대에 돌아가리라"(막 23:34~36). 이러한 선포 직후에 예수님은 자신의 백성을 자신에게로 모으시는 마음으로 예루살렘을 두고 통곡하신다.

예루살렘아 예루살렘아 선지자들을 죽이고 네게 파송된 자들을
돌로 치는 자여 암탉이 그 새끼를 날개 아래에 모음 같이 내가 네
자녀를 모으려 한 일이 몇 번이더냐 그러나 너희가 원하지 아니하
였도다 (마 23:37).

기독교 신앙의 중심에는 생명과 죽음, 용서와 심판, 영생과 영벌을 모두 선
포하는 복음이 자리 잡고 있다. 이들은 서로 모순되지 않는다. 오히려, 이러
한 반어적 단어들은 많은 이들의 생명을 건지고 심판을 지나쳐 가게 하는
죄된 인류에게 비치는 하나님의 영광을 표현하고 있다. 예수님께서는 복음
의 충만을 따라 우리가 기도하기를 가르치신다. 이처럼 예수님께서는 우리
가 복음의 충만으로 묵상하고 찬송할 수 있도록 우리에게 시편을 주신다.
　(개인적인 복수심이 아닌) 하나님의 영광에 우리의 마음을 고정하는 일이 먼
저다. 그리고 우리가 만일 하나님께 신실하지 않는다면 저주를 받아도 좋다
고 우리 자신에게 먼저 저주를 선포한다. 그 후에야 시편 137편 7~9절과 같
이 하나님의 회중을 폐허로 만들어버린 바벨론과 에돔 사람들에게 대한 하
나님의 심판을 위해서 기도한다.
　시편 137편이 선포하는 심판은 바로 하나님의 심판이라는 사실이 매우 중
요하다. 시편 137편은 우리 자신의 심판이나 우리가 떠올리는 '바벨론 사람
들이 받아 마땅한 벌'을 고안한 후에 하나님의 이름을 갖다 붙이지 말라고
가르친다. 축복이나 저주를 할 때 우리 자신이 가지는 나름의 생각을 선포
하고 나서 하나님의 이름을 갖다 댈 자격이나 권리는 우리에게 없다. 시편
137편이 선포하는 저주는 여호와 그분께서 이미 선포하신 심판을 노래로
표현하는 것이다. 포로 기간 동안 여호와의 말씀이 이사야 선지자에게 임하
였다.

> …바벨론에 대하여 받은 경고라…
> 내가 거룩하게 구별한 자들에게 명령하고
> 나의 위엄을 기뻐하는 용사들을 불러
> 나의 노여움을 전하게 하였느니라…
> 만나는 자마다 창에 찔리겠고 잡히는 자마다 칼에 엎드러지겠고 그
> 들의 어린 아이들은 그들의 목전에서 메어침을 당하겠고…
> (사 13:1~16).

　이사야 13장과 시편 137편이 비슷한 표현들로 바벨론에 대한 심판을 묘사하고 있다는 점은 바로 시편 137편이 하나님께서 이미 선포하셨고, 이미 알려진 심판을 재차 선포한다는 것을 보여준다. 시편 137편은 새로운 심판을 고안해낸 게 아니다. 이 경고는 하나님께서 내리신 무시무시한 경고다. 이 경고는 원래 무시무시하도록 의도되었다. 우리 중 누구도, 특히 어린 자녀를 둔 부모라면 더욱더 이러한 묘사를 즐길 사람은 아무도 없다. 하지만 이러한 묘사가 시편에 포함된 이유는 인간의 죄가 하나님 앞에서 얼마나 끔찍하고 간악한지 우리가 알기를 바라기 때문일지도 모른다. 우리의 죄는 그 정도로 하나님께 끔찍하며, 그렇기 때문에 우리의 죄에 대한 하나님의 심판은 오히려 정의롭다. 스코틀랜드 출신의 신학자인 윌리엄 비니(William Binnie)는 다음과 같이 말했다.

> 만약 우리에게 두렵고 떨리는 마음이 없다면 절대로 그것[저주의
> 시편]을 불러서는 안 된다. 그럼에도 불구하고, 적절한 시기에는
> 우리가 드리는 경배의 예배에 저주 시편을 포함할 수 있고, 또한
> 반드시 포함되어야 한다. 누군가가 "어쩌면 도덕적인 악을 깊이
> 깨닫는 것만큼 구원에 이르게 하는 하나님을 아는 지식을 얻을
> 수 있는 곳은 없을지도 모른다"라고 말했다. 하나님께서는 죄를

미워하시며, 죄는 하나님의 진노와 영원한 저주를 받아 마땅하다.
세상이 까맣게 잊어버린 척하는 이 진리를 강렬하게 보여주는 증
거로서, 저주의 시편은 하나님께서 주신 경배의 지침서 안에 들어
갈 자격을 가지고 있다.[79]

우리는 시편 137편이 묘사하고 있는 심판의 공포를 순화하지 않으면서 이
시편의 전반적인 의미를 이해해야 한다. 한 나라를 갓난아기까지 전부 다 멸
망시키라는 명령은 성경의 다른 전쟁 기사에서도 발견할 수 있는 명령이다
(삼상 15:1~3, 나 3:7~10, 호 13:16, 렘 6:11, 9:21). 비록 회의론자들은 대개 이러한
본문을 들어 기독교 신앙이 인종 청소를 두둔한다고 비난하지만, 성경 어디
에도 심판이 특정 인종을 이유로 내려진 적이 없다는 점은 분명하다. 심판
은 언제나 죄를 근거로 내려진다. 특별히, 성경에 등장하는 모든 심판 기사
들은 심판의 대상이 되는 사회의 일원들이 그 공동체를 벗어나 회개하고 심
판을 받기 직전에 구원을 받는 것으로 주로 묘사된다(창세기 19장의 소돔에
서 나온 롯, 출애굽기 9장 20절과 12장 38절에서 재앙을 피해 이집트에서 탈출한
이집트인들, 여호수아 2장에서 여리고에서 살아남은 라합 등). 이러한 심판 기사
들은 결코 인종 청소를 지지하지 않는다.[80] 가족 전체를 끊어버리는 똑같
은 종류의 심판은 사실 이스라엘 밖에 있는 이방 나라들만큼이나 이스라엘
안에 있는 백성들에게도 자주 선포되었다(사무엘하 2장 20~34절의 대제사장
엘리의 집안, 여호수아 7장 24절의 아간, 또한 시편 96, 34:16, 37:10, 41:5, 109:13~15)!
이러한 심판의 선포는 인종 청소와 비교할 수 있는 성격의 것이 아니다. 그러
나 이러한 심판의 선포가 성경에 등장한다는 점은 사실이며, 그렇기 때문에
우리는 이러한 심판의 선포가 어떤 의미를 가졌는지 이해해야 한다.

성경은 (노아의 홍수 때와 같이) 갓난아기에 이르기까지 민족 전체에 내려지

79) W. 비니, 《Pathway into the Psalter》, 289쪽.
80) T. 켈러, 《The Reason for God》의 4장("The Church is Responsible for So Much Injustice")을 참고하라.

는 심판이 왜 특별한 안식을 가져다주는지에 대한 이유를 우리에게 알려준다. 이러한 심판의 '복'은 바로 마지막 심판에 있다. 바벨론은 니므롯 왕이 무리를 선동하여 바벨탑을 쌓았던 이후(창 10:8~10, 11:1~9) 정의와 평화를 위협하는 악랄한 나라였다. 하나님께서는 인내하시며 바벨론이 회개하도록 수천 년 동안의 기회를 주셨다. 하나님께서 바벨론처럼 자신에게 반역하는 백성들을 다루실 때 설사 한 세대가 겸손해질지라도 바로 그 다음 세대가 들고일어나서 다시 하나님의 목적을 방해하려 드는 역사를 구약 성경에서 자주 보게 된다.

갓난아기에게까지 내려지는 심판의 선포가 소망과 안식의 말씀으로 제시되는 이유는 그러한 멸망에 어떤 기쁨이 있기 때문이 결코 아니다(겔 18:32 참고). 그 이유는 **선포가 성취하는 결과** 때문이다. 이 심판은 마지막 심판으로, 끈질기게 계속되는 핍박의 원인이 이제 영원히 멈추고 사라지게 될 것이다. 폭력도 다시는 일어나지 않도록 사라질 것이다. 그냥ㅈ 아무 심판의 선포가 아니다. 마지막 심판의 선포는 하나님의 백성에게 진정한 안식을 언제나 가져다준다(시 34:16, 109:13~15 참고).

하나님은 오래 참으시는 분이다. 하나님께서는 바벨론 중에 있는 많은 영적인 자손들이 회개할 때까지 심판을 늦추신다. 하나님께서 심판을 늦추시는 동안 우리는 반드시 우리의 마음을 지키고 하나님의 선하심에 대한 우리의 믿음을 붙잡아야 한다. 하나님의 심판이 늦어진다고 그분을 경배하는 찬송을 멈춰서는 안 된다. 그러나 언젠가 그 날이 오면 여호와의 천사가 마지막 안식을 선포하게 된다는 사실이 바로 복음의 위대한 소망이다. "무너졌도다. 무너졌도다. 큰 성 바벨론이여"(계 18:2). 그렇게 바벨론은 절대로 다시 일어나지 못할 것이다.

몇 년 전, 나는 스코틀랜드의 글래스고시에서 열린 시편에 대한 세미나에 참석한 적이 있다. 그 세미나의 세션 중 하나는 저주의 시편에 대한 내용이었으며, 여러 나라에서 온 학자들이 저주 시편에 관해 설명했다.

학자 중 한 명은 르완다 성공회 교회에서 온 한 젊은 사제였다. 그는 1994년에 르완다에서 발생한 인종 학살에 대해 언급하며, 그때 그의 가족 중 대다수가 어떻게 잔혹하게 살해당했는지 말해주었다. 그의 형제 중 세 명은 같은 날에 목숨을 잃었다. 이 젊은 사제는 자신의 경험에 대해 말하는 것조차 힘겨워했다. 그런데 그는 학살이 끝난 후 르완다로 몰려온 수백 명의 선교사에 대해 말하기 시작했다. 그 서구 선교사들은 르완다의 민족들에게 서로를 살해한 다른 민족을 용서하고 그들과 화해해야 한다고 가르치기 위해서 왔다고 했다.

이 젊은 사제는 비록 르완다의 기독교인들이 용서의 필요성을 이해하긴 했지만, 서구에서 온 이 선교사들의 교훈이 공허하게 들렸다고 했다. 이 선교사들은 르완다의 기독교인들이 경험했던 그 잔혹한 폭력을 전혀 이해하지 못하는 것처럼 보였다. 하지만 그 당시 이 사제는 자신의 성경에서 시편 137편을 발견했다. 그는 이 시편을 읽으면서 하나님께서 정의를 이루실 분임을 보았다. 그는 그러한 하나님을 믿고 평안을 얻었으며, 자신의 마음에 도사리고 있던 원한을 떠나 보낼 수 있었다고 우리에게 설명했다. 시편 137편 안에서 이 사제는 이 땅의 모든 것을 회복할 수 있는 정의의 필요성을 이해하고 있는 시편 기자를 만났다. 그리고 아이러니하게도, 그는 시편 137편 때문에 용서할 수 있었다.

르완다에서 온 이 젊은 사제가 발제를 마친 후에, 나이지리아에서 온 또 다른 젊은 목사가 발제를 시작했다. 그는 지난 몇 년 동안 자신의 조국이 계속해서 경험해 온 불안정과 유혈 사태에 대해 묘사했다. 그리고 그는 악인들을 향한 하나님의 심판을 바라보면서 나이지리아의 기독교인들이 어떻게 위로를 얻었는지 설명했다. 그는 "우리는 이러한 시편이 필요합니다"라는 말로 자신의 발제를 마쳤다.

그 다음으로 파키스탄에서 온 한 목사가 발제했다. 그는 오늘날 기독교인들이 정부 지도자들과 군대가 '테러와의 전쟁'에서 승리하도록 지혜를 구하는 기도가 저주의 시편을 가지고 기도하는 것과 비슷하다고 설명했다. 저주의 시편이 기도하듯 하나님께서 이 땅에 정의를 이루어 주시도록 우리가 부지불식간에 기도해야 한다.

이들은 서구 사회에 사는 우리가 오랫동안 경험하지 못한 상황 속에 살면서 예수님을 섬기고 있다. 어쩌면 현대 찬송가 작곡·작사 운동이 저주 시편으로부터 벗어나고자 했던 이유 중 하나는 서구 사회의 상대적인 평화가 저주 시편의 필요성을 느끼지 못하는 상황을 조성했기 때문일지도 모른다. 하지만 저주 시편이 시편에 포함되어 있다는 사실은 시편이 그저 현대 서구 사회의 풍족한 교회들만을 위한 찬송이 아니라는 점을 우리에게 상기시켜준다. 시편은 모든 시대와 모든 장소에 있는 모든 하나님의 교회를 위한 찬송이다. 저주 시편은 세계 도처에서 핍박과 고난을 받는 우리의 형제들과 함께 기도할 수 있도록 우리를 도와준다.

저주의 시편은 시편 전체에 흔히 나타나지 않는다. 그리고 저주 시편은 반드시 (개인적인 원한을 위해서가 아니라) 그리스도 안에서 겸손하게 사용되어야 한다. 하지만 복음이란 마지막 심판을 고대하는 인내의 은혜를 통해 성취되는 구속의 약속이다. 그렇기 때문에 저주의 시편 역시 기독교 예배에 있어 중요한 부분을 차지하고 있다.

　우리는 저주의 시편을 들뜬 마음으로 찬송해서는 안 된다. 그리고 우리는 개인적인 원한을 마음에 품고 저주 시편을 찬송해서도 안 된다. 존 칼빈은 자신의 시대에는 개인적인 대적을 향해 매일같이 저주 시편을 노래하는 수도사를 돈을 주고 고용할 수 있었다고 한다. 하지만 개인적인 복수심을 가지고 저주 시편을 사용하는 것은 그 자체로 죄다. 그리스도는 우리에게 시편이라는 영적인 안식의 합창의 일부분으로서 저주 시편을 주셨다.

　저주 시편을 찬송할 때, 우리는 반드시 올바른 마음으로 찬송해야 한다. 우리 자신의 죄에 대해 회개하고, 다른 이의 회개를 위해 기도하는 마음으로 찬송해야 한다. 하지만 예수님께서는 하나님을 끝까지 미워하고, 그리스도와 그의 자녀들을 계속해서 핍박하는 자들이 존재하는 점을 염두하고 우리에게 저주 시편을 주시기도 하셨다. 비록 우리는 현대 서구 사회에서 상대적인 평안을 누리고 살고 있지만, 우리는 세계 도처에서 고난을 겪고 있는 우리의 형제들과 연대하여 저주 시편을 찬송해야 한다. 때때로 우리는 그리스도를 위해 우리가 당하고 있는 핍박에 대한 반응으로서 저주 시편을 찬송할 때와 맞닥뜨리게 될 것이다. 저주의 시편을 조심스럽게 찬송하라. 하지만 저주 시편을 찬송할 때, 그리스도와 함께 신중하게 찬송하라.

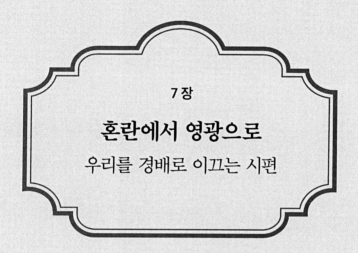

7장

혼란에서 영광으로

우리를 경배로 이끄는 시편

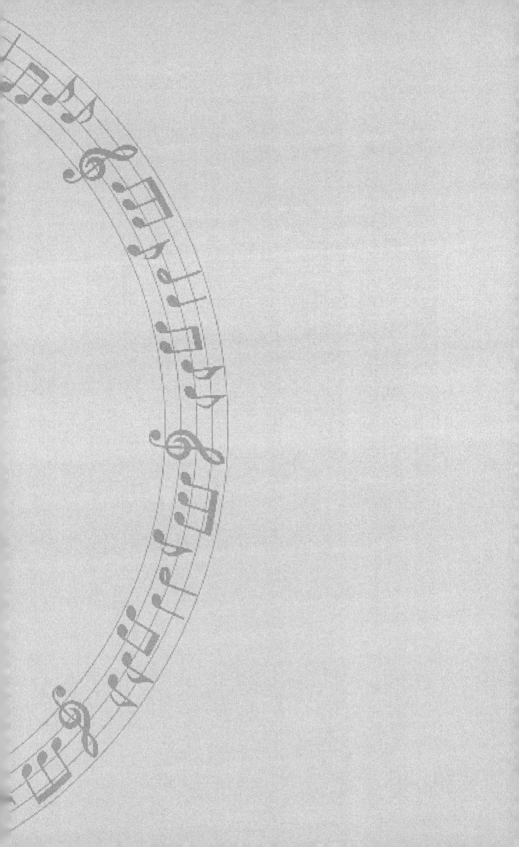

7장

혼란에서 영광으로:
우리를 경배로 이끄는 시편

한 지인이 영화를 보자며 우리 교회의 몇몇 남자 성도들과 나를 자신의 집으로 초대했다. 그는 우리에게 자신이 좋아하는 영화 중 한 편을 소개해 주고 싶어 했다. 그 영화는 〈터칭 더 보이드〉(Touching the Void)였다. 〈터칭 더 보이드〉는 1985년 페루에 있는 해발 6,400m의 눈 덮인 '시울라 그란데'를 등정하는 두 명의 영국 남성에 대한 감동 실화다. 누구도 하지 못한 시울라 그란데 정상에 깃발을 꽂는 일을 이 두 남성은 기어코 해냈다. 그들은 정상에 도달하긴 했지만, 하산하는 길에서 큰 문제에 맞닥뜨리고 만다. 두 명 중한 남성이 다리에 심각한 골절상을 입고 만 것이다.

이 영화가 묘사하는 그들의 생존 의지는 정말 대단하다. 하지만 이 영화에 등장한 또 다른 무언가가 내 이목을 끌었다. 그것은 바로 로프였다. 당연한 소리겠지만 로프는 산악인들에게 매우 중요하다. 특히 위험에 처했을때, 산악인들에게 로프는 정말로 중요해진다. 하산하는 산악인들에게 로프는 말 그대로 '생명줄'이다.

우리는 시편 전체를 우리에게 주어진 '생명줄'과 같다고 말할 수 있겠다. 시편은 우리 신앙의 생존에 있어 매우 중요하다. 우리가 인생이라는 산을 타고 오르며 맞닥뜨리는 위험 속에서 로프는 우리를 연약함과 상처로부터 지탱해 주기 때문이다. 절대로 실수하지 않으시고, 지치지 않으시며 결단코 로프를 놓치지 않으시는 중보자이시며 왕이신 그리스도께서 우리의 로프를 단단히 붙잡고 계신다는 사실을 깨달을 때, 인생이라는 산을 타는 건 매우 신나는 일이다.

> 여호와께서 사람의 걸음을 정하시고
> 그의 길을 기뻐하시나니
> 그는 넘어지나 아주 엎드러지지 아니함은
> 여호와께서 그의 손으로 붙드심이로다
> (시 37:23-24)

위험천만한 인생의 산행길을 오르는 동안, 그리스도가 우리로 하여금 하늘나라의 기쁨에 도달할 때까지 우리를 단단히 붙잡고 계시는 생명줄이라는 진리를 시편이 우리에게 전해준다. 이렇게 그리스도께서 우리의 신앙을 붙드신다는 걸 믿으면 우리는 인생이라는 산을 오르며 경치를 즐길 수 있다. 산길을 걷다 보면 하나님의 영광이 찬란하게 비취는 광경도 만나게 되고, 그분의 은혜도 경험하게 된다. 이러한 경험은 우리의 여정 동안 우리를 기쁘게 한다. 그리고 언젠가는 우리의 여정도 끝날 것이다!

지금도 확장되고 있는 그리스도의 나라는 언젠가 완성된다. 마지막 심판 때 모든 죄와 그 결과는 지워지게 될 것이다. 하늘과 땅은 다시 조우하고, 피조 세계는 거룩함 안에서 새롭게 되며, 그리스도와 연합한 우리도 유혹과 죄와 슬픔으로 얼룩지지 않는 영광스러운 부활의 삶 가운데로 들어가게 된다. 그 날이 오면 하늘에 있는 모든 이들과 '보좌 앞에서 새 노래'를, '땅에서 속량함을' 받은 자 외에는 '배울 자가' 없는 그 노래를 우리가 부를 것이다

(계 14:3, 5:9 참고).

'새 노래'에 대한 약속은 우리가 이 땅에서 부른 찬송과는 다른 종류의 찬송을 하늘에서 부른다는 게 아니다. 우리가 천국에서 부르게 될 '새 노래' 가 지금 우리가 부르고 있는 노래와는 다른 가사나 다른 곡조, 또는 다른 표현 양식을 가지고 있지 않다. 이는 요한계시록 본문이 의미하는 게 아니다. '새 노래'라는 표현은 우리가 더 이상 슬픔과 괴로움의 노래를 부르지 않게 되며, 성경 안에 하나님께서 우리에게 주신 찬송에 두루 심어진 슬픔이 그때가 되면 마침내 기쁨과 경배로 바뀌게 된다는 걸 말한다. 우리가 드리는 경배의 배경과 그 질이 심오하게 달라진다.

그때에는 우리의 마음이 하나님 안에서 기뻐하도록 움직이게 된다. 그렇다고 우리의 경험과는 다른 약속된 무언가를 묵상함으로써 이루어지는 게 아니다. 우리가 직접, 또한 완전하게 보고, 느끼고, 경험하는 모든 것들로 인해 우리의 마음이 움직이게 된다. 그렇기 때문에 요한계시록은 영원한 경배를 일컬어 세상에서의 완주를 마치고, "땅에서 속량함"을 받은 자들이 아니고서는 배울 수 없는 노래라고 가르치고 있다. 시편은 우리 스스로가 드리는 묵상을 통한 경배와는 질적으로 다른 경배로 우리를 이끈다. 더군다나 이 시편은 우리가 그 영원한 경배의 날에 도달하게 될 때까지 우리를 돕는다. 다시 말하자면, 우리는 여전히 이 로프를 놓쳐서는 안 된다. 계속해서 시편이라는 로프를 사용하며 그 로프가 우리를 이끌어 주고있는 영원한 경배를 고대해야 한다.

그러므로 이전 장에서 살펴보았듯이 시편이 슬픔과 괴로움의 찬송들로만 가득 차 있지 않다는 점을 깨닫는 게 중요하다. 시편을 보다 독특하게 (또한, 우리의 영혼에 생명줄이 되도록) 만들어 주는 것은 삶의 문제들을 직면할 때 우러나는 묵상의 성격에 있다. 그러나 이러한 문제들 안에서 겪는 씨름만이 시편이 우리에게 주는 유일한 곡조는 아니다. 우리는 하나님의 선하심에서 주어지는 이생의 선물을 통해서 현재에도 '하늘나라를 맛본다.' 이러한 기쁨의 시간 속에서 시편은 우리가 이생에서 부를 수 있는 경배의 찬송을 제공해준다.

우리 그리스도인이 걸어가는 삶의 여정 속에서 우리는 승리를 맛본다. 그때마다 시편은 우리가 경배와 감사를 드릴 수 있도록 우리를 도와준다. 이러한 기쁨과 경배가 시편의 다수를 차지하고 있다. 그 사실을 여러분이 확인할 수 있도록 기쁨의 곡조로 가득 찬 시편들을 여기에서 나열해보겠다; 시편 30, 33~34, 40~41, 46~48, 65~66, 68, 92~93, 95~100, 103, 107, 111~113, 116~118, 135~136, 138, 145~150.

어떤 시편이 경배의 시편이고 어떤 시편이 슬픔과 괴로움의 시편인지 분류할 때에는 너무 엄격한 잣대를 적용하기가 불가능하다. 왜냐하면, 대개 하나의 시편 속에서 경배와 슬픔을 모두 표현하는 경우가 많기 때문이다. 예를 들어보자. 시편 40편은 하나님의 선하심을 경험하고 그에 대한 넘치는 경배로 시작하지만, 중간중간에는 (4장에서 살펴본 것처럼) 회개의 내용이 포함되어 있다. 이 시편에서는 하나님의 선하심에 대한 우리의 경험이 우리를 겸손하게 만들며 하나님의 은혜로 회개의 자리로 나아가도록 하는 동기를 부여한다. 그렇기 때문에 (많은 학자가 시도하듯이) 특정 시편을 경배의 시편이나, 회개의 시편, 또는 탄원의 시편으로 엄격하게 분류하는 것은 불가능하다.[81] 그러므로 위에 언급한 경배의 시편들도 하나님을 향한 경배가 주를 이루고 있는 시편이라고 설명하는 게 정확하겠다.

위에 나열한 경배의 시편을 다시 한번 살펴보자. 얼마나 많은 시편들이 시편 전체 중에 마지막 3분의 1에 집중되어 있는지 여러분이 인식했는지 모르겠다. 사실 시편은 제1권(시 1~41), 제2권(시 43~72), 제3권(시 73~89), 제4권(시 90~106), 제5권(시 107~150), 이렇게 총 다섯 권의 책으로 구분되어 있다(대다수

---

81) 각 시편을 어떻게 분류하는지에 대해 학자들 간의 일치와 불일치를 살펴보는데 도움이 되는 표를 보기 원한다면 P. 존스톤, D. 퍼스의 《Interpreting the Psalms》, 296~300쪽을 참고하라.

의 영어 성경은 이러한 구분을 기술하는 제목을 포함하고 있다). 1권부터 3권까지의 시편은 경배의 찬송을 포함하면서도 대부분은 탄원이 주를 이룬다. 하지만 주님의 영원한 통치를 기리는 시편(시 90~99)으로 시작하는 4권과 5권은 무게추를 탄원에서 경배로 옮긴다. 이렇게 시편 전체는 슬픔으로 시작해서 영광으로 끝나도록 구성되어 있다.

　　그리고 시편의 가장 끝부분은 정말로 영광스럽다! 시편의 마지막 다섯 편의 찬송(시 146~150) 모두는 '주님을 찬양하라!'(히브리어로는 '할렐루야')는 권면으로 시작하고, 동일한 권면으로 끝을 맺는다. 이렇게 다섯 편의 찬송은 단일하고, 원대하며, 웅장한 경배의 메들리로 시편 전체를 끝맺는다. 그리고 "호흡이 있는 자마다" 모두 "성소에서 하나님을 찬양"하고 "권능의 궁창에서" 하나님을 "찬양" 하는 마지막 시편(150편)의 환상을 끝으로 절정에 도달한다!

　　닛사의 그레고리가 지금부터 17세기 전에 자신의 회중에서 강조했듯이 시편의 마지막에서 하나님의 임재 속에 경배하는 이 경험은 시편의 시작에서 (시 1) 죄악 된 인간 세상 가운데 사는 우리에게 약속되었던 위로의 성취이다. 그레고리는 시편 1편에 대해 다음과 같이 기술했다.

> 첫 번째 시편은 [시편 전체에서] 우리에게 주어진 전체 개요를 보여준다. 시편 1편은 악으로부터 돌아서는 [1절]에서처럼 죄인들과 연관되지 않은 상태로 있는] 복된 자리로 우리를 부른다. 그 다음에 시편 1편은 [2~4절]에서처럼 하나님의 율법을 묵상하며] 지고한 하나님의 현실을 배우도록 한다. 이러한 배움은 [5~6절]에서처럼 "의인들의 모임" 가운데에서의 우리의 영광과 같은] 우리가 선한 것을 붙잡을 수 있도록 도와준다.[82]

　　다시 말하자면, 시편 1편은 시편 전체가 이 죄악 된 세상 가운데 살아가

---

82) 닛사의 그레고리, 《Commentary on the Inscriptions》, 24쪽.

는 우리에게 힘이 되도록 하나님의 율법을 묵상하는 데 도움을 줄 뿐만 아
니라 그리스도의 완성된 나라에서 끊어지지 않을 경배를 완전히 경험하게
될 "의인들의 모임"으로 우리를 이끌어준다는 소개이다. 시편 1편에 소개되
고 시편 전체 구성안에 반영된 이러한 시편 전체의 목적은 우리에게 경배의
목적을 분명하게 보여준다.

　　교회에 속한 그리스도인들은 그 경배의 경험을 더 많이 (그리고 삶의 슬픔
은 더 적게) 소원하게 된다. 이러한 소원은 올바른 것이다. 시편은 우리 안에
서 그 소원이 더욱 자라나도록 기록되었다. 그렇지만 우리는 보다 빨리 경배
의 자리로 나아가기 위해 (중간에 있는) 슬픔과 괴로움의 시편을 지나쳐도 괜
찮다는 생각을 가져서는 안 된다. 하나님께서 우리를 죄악 된 세상에서 마
침내 건져주시기 전까지는 로프를 꽉 붙잡고 있어야 한다! 더 즐겁고 행복
한 찬송만을 부르기 위해 시편찬송으로부터 멀어지는 현대 교회의 경향이
나 '슬픈 시편'을 회피하고 경배의 시편만을 선호하는 교회의 모습은 우리의
마음을 믿음 가운데 붙잡아주는 이러한 찬송의 중요성을 간과한 것이다.
그럼에도 불구하고, 그리스도께서 우리의 마음을 단단히 붙들고 계시기 때
문에 우리는 이제부터라도 이 땅에서 경배의 '새 노래'를 시작할 수 있다.

　　사실 시편에는 "새 노래로 주님을 노래하라!"는 권면으로 시작하는 다섯
편의 시편이 있다. 이 다섯 편의 시편은 33:3, 40:4, 96:6, 98:1, 149:1이다.[83]
때때로 어떤 사람들은 시편에서 '새 노래로 노래하라'라는 권면을 읽고, 그
권면이 지금 읽고 있던 시편을 덮고 종이 한 장을 꺼내 오늘 날짜를 맨 위에
적은 후 새로운 곡을 쓰라는 의미라고 착각하곤 한다. 그 또한 훌륭한 작업
이 될 수는 있겠지만, 이러한 착각은 성경에서 등장하는 '새 노래'라는 표현
의 의미에서 빗나갔다.

---

83) 비록 그 자체가 '새 노래'는 아니지만, 구원을 위해 간구하면서 그 구원이 올 때 "새 노래"(9절)로 노래하
　　겠다고 약속하는 시편 144편 역시 참고하라. 이 시편에서 등장하는 '새 노래'라는 표현의 의미는 하나님
　　께서 응답하실 때 '새로운 곡'을 짓겠다는 약속이라기 보다는 하나님께 감사하며 찬송하겠다는 약속을
　　뜻한다.

새 노래를 부르라는 권면은 이 표현이 등장하는 각 시편의 서론으로서 기능하고 있다. 시편 33편, 40편, 96편, 98편, 149편은 각 시편의 첫 줄부터 우리에게 부르도록 요구하는 '새 노래'이다. 이러한 시편이 '새 노래'라는 점은 이 시편이 기록된 연도가 최근이라는 뜻이 아니다(이 시편들은 몇 천 년 전에 기록되었다!). 이러한 시편이 성경적인 표현으로서 '새 노래'라는 것은 이 노래가 '옛' 문제를 잊게 하는 새 경배를 드리는 노래라는 뜻이다.

성경에서 '새 노래'라는 표현은 본질적으로 '경배의 찬송'을 달리 표현한 말이다.[84] 새 노래는 고난의 끝을 기념하고 축제의 시작을 알리는 성격의 노래다. 새 노래는 탄원의 기도가 감사의 할렐루야로 바뀌는 성격의 노래다. 새 노래는 예전에 품었던 의문이 지금은 해답으로 바뀌었다는 것을 기뻐하는 성격의 노래다. 그리고, 새 노래는 한때 우리의 생각을 잠식했지만, 이제는 사라져버린 '옛' 것과 반대되는 모든 '새' 것에 대해 기뻐하는 성격의 노래다.

우리는 어떤 사람이 자신의 기분이나 관점을 바꿨을 때도 이와 비슷한 영어 표현을 사용한다. 우리는 "와, 잭이 정말 '곡조를 바꿨네.' 그렇지?(Jack has certainly 'changed his tune' hasn't he?)"라고 말하곤 한다. 이와 비슷하게 성경의 시편은 불확실한 슬픔 가운데 우리의 영혼이 꼭 필요로 하는 '생명줄'과 같은 찬송을 우리에게 줄 뿐만 아니라, 우리가 지금 경험하는 승리의 순간에 부를 수 있는 경배의 찬송('새 노래')을 주기도 한다. 이러한 경배의 찬송은 오로지 '새 노래'만 부르게 될 그 날을 향해 우리를 이끌어 준다.

그저 다섯 편의 시편만이 구체적으로 '새 노래'로 소개되고 있지만, 다른 많은 시편들도 '감사'나 '경배'와 같은 유사한 표현을 쓰며 성도의 기쁨을 위한 도우미로 소개되고 있다. 그 중 한 편(시 113편)을 좀 더 자세하게 살펴보면서 우리가 경배로 나아가며 이러한 시편들을 어떻게 찬송해야 하는지 생각해보자.

---

84) R. 패터슨, "Singing the New Song."

시편과 함께 경배 드리기: 시편 113편

시편 113편에서는 우리의 찬송을 인도하시는 왕께서 하나님을 기뻐하라고 권면하며 우리를 다음과 같은 말씀(1절)으로 부르신다.

> 할렐루야,
> 여호와의 종들아 찬양하라
> 여호와의 이름을 찬양하라

우리에게 하나님을 찬양할 이유는 우리가 이미 알고 경험하게 된 하나님의 속성과 본질이다("여호와의 이름"). 이 시편은 우리의 마음을 진정으로 기쁘게 하는 하나님의 속성 중 어느 특정한 면을 묵상하도록 우리를 이끈다. 이 시편이 우리에게 묵상하라고 권면하는 하나님의 속성은 바로 그분의 가까이하심이다.

위대함은 두 가지 기준으로 결정된다고 한다. 첫 번째 기준은 바로 어떤 사람이 자신의 머리를 얼마나 높게 드는 지이고, 두 번째 기준은 그 사람이 자신의 손을 얼마나 낮게 뻗을 수 있는 지이다. 시편 113편은 하나님의 마음이 얼마나 위대한지를 찬송하는 경배의 시편이다. 왜냐하면, 교회사를(또 우리 자신들의 인생을) 통해 우리는 긍휼 가운데 하나님께서 자신의 손을 가난하고 부족한 영혼을 향해 뻗으시는 것을 경험해왔기 때문이다.

만약 그리스도인이라면, 여러분은 여러분의 삶 가운데 주어진 하나님의 은혜에 대해 어느 정도 알 것이다. 성경의 역사서를 보면 많은 이야기가 있다. 또 우리에게 하나님의 은혜를 가르치는 성경의 율법서를 보면 많은 교훈이 있다. 그렇지만 113편과 같은 시편은 우리가 직접 경험한 하나님의 은혜로 인해 그분께 경배를 올려드릴 수 있도록 우리를 이끈다. 하나님의 마음이 얼마나 위대한지 예수님과 함께 찬송하며 우리는 우리의 이야기를 '이 시편에 기록'하게 된다. 이러한 이유로 113편과 같은 시편을 그저 읽기만 하는 건 충분치 않다(우리는 마치 다른 사람이 하나님께 드리는 경배를 바라보듯이 이런 시편을 읽는다). 우리는 113편과 같은 시편을 그리스도 안에서 올려 드리는 우리 자신의 경배로써 기도하거나 찬송해야 한다. 이어지는 2~3절은 우리 자신과 우리의 이야기도 이 시편에 포함되어야 한다며 우리를 초청한다.

> 이제부터 영원까지 여호와의 이름을 찬송할 지로다
> 해 돋는 데에서부터 해 지는 데에까지
> 여호와의 이름이 찬양을 받으시리로다.

시편 113편이 이끄는 경배는 모든 시대("이제부터 영원까지")와 모든 장소 ("해 돋는 데에서부터 해 지는 데에까지")에 있는 모든 남자와 여자들로부터 드려져야 한다. 만약 여러분이 이 시편이 묘사하는 시대와 장소에 살고 있다면, 여러분도 경배를 향한 이 시편의 초청에 포함된 것이다.

이제 4~9절은 '가까이하심'이라는 하나님의 속성을 높이 들며 이 속성으로 인해 모두 함께 하나님을 찬송하도록 우리를 부른다.

> 여호와는 모든 나라보다 높으시며
> 그의 영광은 하늘보다 높으시도다
> 여호와 우리 하나님과 같은 이가 누구리요
> 높은 곳에 앉으셨으나 스스로 낮추사 천지를 살피시고
> 가난한 자를 먼지 더미에서 일으키시며
> 궁핍한 자를 거름 더미에서 들어 세워
> 지도자들 곧 그의 백성의 지도자들과 함께 세우시며
> 또 임신하지 못하던 여자를 집에 살게 하사
> 자녀들을 즐겁게 하는 어머니가 되게 하시는도다
> 할렐루야

이 구절들에는 사실 두 가지 묘사가 존재한다. 첫 번째 묘사(4~6절)에서는 우리가 하나님의 내재적인 '높으심'을 고백한다. 하나님의 영광은 그분 자신을 모든 나라 위에 높이 두신다. 더 나아가, 하나님은 하늘의 모든 권세보다 더 영광스러우시다. 진실로 "여호와 우리 하나님과 같은 이가 누구리요?"라고 고백할 수 밖에 없다. 이러한 고백은 하나님과 같은 수준에 있는 자가 없다는 유대인의 표현 방식이다. 하나님은 높으신 곳에 홀로 계시며, 그 어떤 신도 그분의 위치를 나누어 갖지 못한다(이방 나라의 일반적인 개념과 구분되는 유일신적 주장). 하나님께서 얼마나 높으신가? 천지를 살피시기 위해서 '스스로를 낮추셔야' 할 정도로 높으시다.

이 구절들은 하나님께서 얼마나 위대하신지를 우리가 마음으로 느낄 수 있도록 기록되었으며, 사람들 사이에 일어나는 일을 살피기 위해 (NIV가 6절을 번역하고 있는 것처럼) '허리를 굽혀 스스로를 낮추셔야' 할 정도로 하나님께서는 위대하시고 높으시다는 걸 마치 익살스러운 심상으로 표현하고 있다.

창세기 11장에서 우리는 인간이 자신들을 위해 탑을 쌓던 시대에 대해 읽는다. 그들은 마치 태산처럼 '꼭대기가 하늘에 닿을 정도로 큰 탑을 쌓아 올려 '자신들의 이름을 내기' 원했다(4절). 창세기는 이러한 인간을 비웃기라도 하듯이 "여호와께서 사람들이 건설하는 그 성읍과 탑을 보려고 내려오셨더라"(5절)라고 기록하고 있다. 인간이 아무리 큰소리를 치며 일을 하고, 아무리 높게 탑을 쌓아 올려도, 그들을 내려다 보기 위해 하나님은 여전히 (굳이 말하자면) '목을 길게 빼야' 하신다.

4~6절에서 이러한 사실을 인정하는 것은 7~9절에 이르러서 우리가 하나님의 마음이 얼마나 위대하신지에 대해 묵상하며 그 분을 높이 경배하도록 돕는다. 비록 하나님은 높으신 분이시지만, 은혜와 긍휼의 손을 낮추셔서 우리에게 다가오신다. 하나님은 남자 중 가장 가난한 자를 들어 올리셔서

백성의 지도자가 가지는 위대함만큼이나 그를 높이 드신다. 하나님은 또한 여자 중 가장 외로운 자를 들어 올리셔서 그녀를 가족 안에서 기쁨의 지체로 만들어주신다.

7절에 나타나는 "거름더미"라는 표현은 사실 정중한 표현이다. 대부분의 영어 성경은 우리가 예민하게 귀를 기울여 집중에 방해되지 않도록 이러한 표현을 썼다. 그러나 이 표현을 직역하자면, '쓰레기더미'나 '오물 더미'를 가리킨다. 그 당시 마을 사람들은 자신들의 쓰레기 구덩이에 있는 내용물을 마을 밖으로 가지고 나가 모든 쓰레기와 오물을 한 곳에 쌓아 올리고, 태울 수 있는 최대한 모든 양을 함께 태웠다.[85] (그래서 '거름더미'라고 부르는 것이다.) "거름더미"는 바로 그 쓰레기와 오물 더미를 가리키는 표현이다.

어떤 남자가 그런 쓰레기 더미를 뒤지고 다니면서 먹을 것을 찾는 장면을 떠올려 보라. 아마 여러분이 떠올릴 수 있는 장면 중 가장 불쌍한 장면일 것이다. 또한, 아이도 없고 출산을 할 수도 없는 한 여자를 떠올려 보라. 그런 여자는 유대인들이 상상이 할 수 있는 세상에서 가장 외로운 여자였다. 그러나 하나님의 은혜의 손길이 이렇게 불쌍하고 외로운 상황에도 맞닿게 된다. 하나님은 이러한 남자들과 여자들을 자신의 집으로 손수 모으시고, 그들의 지도자와 자녀들을 즐겁게 하는 어머니가 되게끔 하신다.

우리는 하나님께서 이행하시는 이러한 은혜의 행위를 역사 속에서 목격한다. 하나님은 작은 유다 지파에서 다윗을 일으키시어 백성의 왕으로 세우셨고, 잉태치 못하는 한나를 높이 올리셔서는 그가 택한 선지자(사무엘)의 즐거운 어머니가 되게 하셨다. 많은 주석가들은 시편 113편의 표현이 하나님의 위대함을 드러내는 이 두 가지 예들을(다윗과 한나) 암시한다고 믿는다. 이는 우리가 하나님의 백성으로 이미 경험하고 있는 바의 핵심이기도 하다.

설사 시편 기자가 하나님의 은혜의 위대함을 드러내기 위해 이렇게 구체적

---

85) C. 켈리, F. 델리취, 《Psalms》, 5.205.

인 상황을 생각하며 이 시편을 기록했다고 해도, 이 시편은 이제 추상적으로 하나님의 긍휼을 느낀 여러분의 직접적인 경험으로 이 시편을 가득 채우도록 한다. 하나님의 집으로부터 끊어지고 죄 가운데 가난하게 살았던 여러분에게 스스로를 낮추시어 다가오셨던 하나님의 그 긍휼을 말한다. 어쩌면 여러분이 다른 방식으로 하나님을 높였다고 해도 자신의 백성에게 주목하시는 하나님의 놀라우신 은혜를 이미 경험했을지 모른다!

하나님의 집에서 누리게 될 영원한 교제 가운데로 들어가는 게 얼마나 경이로운 일인가! 시편은 우리가 계속해서 경험하는 어려움 가운데에서도 우리의 영혼이 버티어 살아가도록 소망의 묵상으로 우리를 이끈다. 하지만 이러한 은혜는 미래에만 존재하지 않는다. 지금 오늘도 우리는 긍휼하신 하나님의 돌보심에 대해 알고 있다.

113편과 같은 경배의 시편에서 그리스도는 이미 경험한 하나님의 사랑을 바탕으로 영원한 경배의 합창을 지금 여기서 시작하도록 우리를 이끄신다. 또 언제나 더 많은 것을 기대하며 기뻐하도록 우리를 이끄신다.

기쁨과 슬픔이 섞일 때

앞의 장에서 나는 우리의 신앙의 슬픔으로부터 우리를 이끄는 시편을 살펴보았다. 그리고 이번 장에서는 우리를 신앙의 기쁨으로 이끄는 시편을 살펴보았다. 사실 우리를 슬픔이나 기쁨으로만 이끄는 시편은 흔하지 않다. 각 시편과 시편 전체에는 기쁨과 혼란, 소망과 절망의 다양한 음색이 한데 어우러져 있다. 솔직히 이러한 섞임은 적절하다.

어린아이들에게 세상은 무척 단순해 보인다. 경찰은 좋은 사람이고, 나쁜 사람은 복면을 쓰고 밤에 어슬렁거리는 사람이다. 좋은 일을 하는 사람은

상을 받고, 나쁜 일을 하는 사람은 벌을 받는다. 유복한 환경에서 자란 아이들에게 있어 풍성한 음식은 언제나 식탁 위에 올려져 있다. 그들의 인생에 있어 가장 큰 비극이라고는 장난감 통 속에 수북이 쌓여 있는 장난감 중에 자신들이 원하는 장난감이 없다는 것 정도다.

그러나 우리가 자라면서 인생은 절대 단순하지 않다는 사실을 알아차리기 시작한다. 인생은 복잡하다. 좋은 것과 나쁜 것이 혼란스러운 방식으로 섞여 있다. 때때로 좋은 일을 하는 사람이 고통을 겪기도 하며, 나쁜 일을 하는 사람이 번창하기도 한다. 우리의 정체성을 흔드는 끔찍한 비극이 일어나기도 한다. 이 모든 상황을 설명하기 위해서 우리의 신앙은 성장해야만 한다. 이 모든 일들이 발생하는 가운데 우리가 이해할 수 없는 방식으로 여전히 일하시는 하나님의 영광을 흔들리지 않고 바라보기 위한 우리의 성숙이 필요하다.

기독교 신앙으로 우리가 더욱 성숙하게 된다. 그렇기 때문에 교회의 찬송은 이러한 신앙의 성숙을 반영할 필요성이 있다. 만약 이 세상을 그저 흑백으로 바라보는 찬송만을 부른다면, 우리가 부르는 찬송은 우리가 사는 인생이나 우리에게 필요한 신앙과 아무런 상관이 없는 찬송이 되버리고 만다. 시편이 아름다운 이유는 기쁨과 슬픔이 한 데 뒤섞여 있는 찬송을 우리에게 제공한다는 데 있다. 시편은 이 땅에서 하나님을 경배하기 위해 우리의 영혼이 필요로 하는 모든 걸 줄 수 있다. 그와 더불어, 내세에서 올려드릴 영원한 경배를 위해 우리의 영혼을 준비시킬 수 있을 만큼 완전한 찬송이다.

　시편을 찬송할 때, 우리를 고뇌하고 고통스럽게 만드는 시편들을 지나치지 말라. 그렇다고 그런 시편들만을 부르지도 말라. 시편의 목적은 여러분을 경배의 자리로 이끄는 것이다. 시편이 여러분을 경배의 자리로 이끄는 걸 기대하면서 모든 슬픔과 모든 희망 안에서 경배의 자리를 향해 끊임없이 나아가라. 설사 지금은 힘든 시기를 보내고 있다 할지라도, 그리스도 안에서 우리가 얻게 될 최후의 승리에 대한 확신은 바로 지금 우리에게 기뻐할 수 있는 이유를 준다.

　지금 우리가 누리고 있는 많은 복으로 인해 오늘날 우리가 기뻐해야 할 이유는 정말로 많다. 시편은 우리에게 이러한 복을 떠올리고 하나님께 경배를 드리도록 한다. 시편은 신자가 겪는 어려움 속에서도 그리스도의 승리 안에 있는 기쁨으로 우리가 들어가도록 돕는다. 누군가가 말하기를 소망의 정의는 내일의 기쁨을 오늘의 힘을 위해 빌리는 것이라고 했다.

　지금 여러분이 어떠한 감정을 느끼고 있든지, 어떠한 상황 속에 있든지, 여러분의 영혼의 필요를 채우고 경배의 자리로 나아갈 수 있도록 시편의 모든 복잡다단한 면을 고려하며 시편을 사용하라. 그리스도의 부활과 승천, 약속된 재림에 여러분의 마음을 집중하면서 개인적인 경건의 시간이나 공적인 예배 시간에 경배의 시편을 찬송하라.

마치는 글

예배 전쟁에서 승리하기:
시편찬송의 재발견을 통한 현대의 종교개혁

1664년, 영국 의회군에서 최고의 존경을 받던 사령관, 햄든(Hampden) 장군이 죽음을 맞았습니다. 그의 죽음은 나라 전체를 슬픔에 잠기게 했죠. 그의 장례식에서, 의회는 경건하면서도 희망으로 가득 찬 시편 90편의 곡조를 한목소리로 불렀습니다.

여러분과 저는 그 당시 영국의 크롬웰 군대의 햄든 장군에 대해 잘 알지 못합니다. 그런데도, 4세기 이전에 살았던 믿음의 사람들처럼 이 시대 우리들도 삶과 죽음에서 직면하는 동일한 믿음을 갖고 있습니다. 이는 또한 신약의 교회들이 가졌던 동일한 믿음이고, 같은 시편을 찬송하며 가졌던 동일한 믿음입니다. 실제로, 성전 예배 당시의 성도들 역시 이 시편 90편과 다른 시편들을 부르며 동일한 믿음을 가졌었습니다. 사실 이 특정한 시편(90편)은 표제에서 나타나듯이 이스라엘인들에게 가장 오래된 찬송입니다. 모세의 노래들 중에 하나지요.

이것이 바로 시편이 가진 힘 중의 하나입니다. 시편은 그리스도 안에서 우리를 하나님과 연합시킬 뿐 아니라 교회를 같은 믿음으로 묶어줍니다. 나라와 교단, 그리고 수천 년이 넘는 시간 차이를 뛰어넘는 연합입니다. 전 기독교적인 찬송가(ecumenical hymnal)로 모든 기독교인을 연합하게 만드는 이끈으로부터 우리 자신을 결별하는 것은 정말로 큰 비극입니다. 그렇기에 주의 깊고 진정성 있게 이 찬송을 재점검해야 합니다.

대학가에서는 미식축구 경기가 있기 전에 각 학교의 '응원가'(fight song)를 부르며 학생 간의 단결을 유발하는 연합 의식을 치릅니다. 이러한 열창은 공대생, 의대생 등 각기 다른 과들로 구성된 학생들을 학교와 미식 축구팀을 향한 동일한 열정으로 불러모으는 겁니다. 또한, 국가적 설정으로 생각하자면, 애국가는 (미국의 경우에) 다양한 인종과 사회적 배경의 시민들 모두가 함께 부르며 하나로 묶이는 공동체에 대한 표현입니다.

교회의 찬송 역시 동일한 역할을 합니다. 우리는 믿음을 전하고 그 동일한 믿음 안에서 서로가 하나 되는 겁니다. 교단을 뛰어넘어 시편찬송을 하는 교회가 많아진다 하더라도 이 자체가 교회의 연합을 가져오지는 않습니다. 그럼에도 불구하고, 현대적 종교개혁과 교리상으로 건강한 연합에 대한 갈망 속에서, 구약과 신약 교회의 역사적인 찬송에 대한 전념을 회복하는 건 강해 설교에 대한 회복과 함께 매우 중요한 위치에 있습니다.

(성경 시대를 포함한) 모든 역사 동안, 교회의 개혁은 성경적인 예배를 회복하는 맥락과 함께 일반적으로 발생하였습니다. 요시야 왕이 성전에서 율법서를 발견하고 그 세대 간에 율법을 처음으로 읽었을 때, 그는 슬픔으로 옷을 찢으며 즉각적인 개혁을 강행하였습니다. 그가 분개한 이유는 그 땅에 만연한 도덕적 타락 때문이 아니었습니다. 그를 잠식한 슬픔은 희석된 예배 때문이었습니다. 그리고 그의 개혁에서 성경적 예배의 회복은 먼저 다뤄졌습니다. (열왕기하 22-23장).

히스기야 왕이 개혁의 필요를 인식했을 때에도, 예배 개혁은 그의 최우선 관심사였습니다 (역대하 29-31장). 에스라와 느헤미야가 예루살렘을 재건할 때도 성경적 예배의 회복은 최우선으로 여겨졌습니다. 그런 후에 성벽 재건과 국가의 도덕성은 그러한 (예배의) 회복에서부터 나왔습니다. (에스라 1장 3

절; 2장 68절; 2장 1-13절) 16-17세기의 유럽의 종교 개혁으로 넘어가서도 성경적 설교, 성경적 성례, 그리고 성경적 찬송의 회복이 개혁의 중심이었습니다. (루터파는 시편찬송과 더불어 새로운 찬송을 불렀고, 칼빈의 제네바와 스코틀랜드와 같은 지역에서는 시편찬송을 불렀습니다)

이러한 개혁의 열매들은 예배의 회복보다 더 광범위하게 맺혀집니다. 예를 들어, 15세기부터 16세기까지 이어진 유럽의 종교 개혁은 교육, 의료, 사회 도덕, 경제, 예술, 정치의 발전에 이바지하였습니다. 그러나, 이러한 다양한 삶의 영역에서의 개혁은 예배의 개혁이 먼저 있었기 때문입니다.

예배는 사람들이 모여서 가르침을 듣고 함께 노래를 부른 것 그 이상입니다. 예배는 하나님께서 그분의 은혜 가운데 그분 스스로를 우리에게 드러내시는 장소입니다. 그의 말씀이 설교 되어 (사역자가 자신의 개인적인 생각을 내던지는 게 아니라, 하나님의 말씀이 참되게 선포될 때) 우리는 하나님이 누구이신지, 그리고 그분이 무엇을 하시는지에 대해 배우게 됩니다. 우리가 그분의 성례에 참여하고 그의 찬송들을 부를 때에, 예수님은 우리를 하나님의 지식과 그분의 은혜로 이끌어 주십니다. 예수님은 우리가 가진 오류들에 맞서실 뿐만 아니라, 우리 자신과 세상에 대하여 가지고 있는 우리의 잘못된 사고방식에 대해서도 맞서십니다. 그리고 하나님의 형상에 따라 우리를 개혁하십니다. 예배의 개혁은 정말이지 유리창을 깨끗하게 세척하는 것과도 같습니다. 그렇게 하여 우리가 하나님을 (그의 은혜의 수단들을 통해) 보다 선명하게 바라보게 되는 겁니다. 그리고 궁극적으로 예배 개혁은 바로 하나님과의 정확한 대면을 통해 우리 자신을 개혁하는 것입니다. 하나님의 형상을 따라 우리 자신을 개혁하는 동안, 사회의 다른 모든 영역에서 하나님의 방식으로 우리가 살아가는 것은 사회의 다른 분야들을 개혁하는 데 기여합니다.

오늘날의 미국에서는 정치적 개혁에 대한 대단한 열의가 소위 '복음주의 우파'라는 이름 아래서 진행되고 있습니다. 우리는 낙태나 다른 정치와 관련

된 악들에 당연히 맞서야 하지만, 사회의 개혁을 위해 우리의 신앙에서도 경계를 늦춰서는 안 됩니다. 그러나, 더욱 비극적인 것은 수많은 낙태와 이 땅에 팽배한 또 다른 도덕적 폐해들이 교회 내에서도 발생하고 있다는 사실 아니겠습니까? 우리 자신의 성화와 믿음의 성장을 위해서 예배의 개혁이 필요하지 않을까요?

'개혁' 교회 또는 '고백주의적' 교회라고 불리는 교회들의 곳곳에서는 이러한 예배 개혁에 대한 커다란 열정이 존재합니다. 말씀에 따라 바르게 설교를 전하는 것에 대한 강조가 이 개혁의 핵심이라고 할 수 있습니다. 그러나 진정한 설교와 함께, 어떻게 하나님께서 모세에게 율법과 찬송가를 함께 짝지어주셨는지 살펴보며 완전한 찬양의 회복에 대한 열심을 쏟아부어야 하지 않겠습니까?

오늘날의 교회에서 시편이 이상하게 보일 뿐만 아니라 이해하기도 어렵다는 사실이 시편을 사용하지 않으려는 이유가 돼서는 안됩니다. 오히려, 오늘날의 교회가 필사적으로 시편을 다시 활용하도록 시편을 배우려는 필요가 받아들여져야 합니다. 이는 교회가 수 세기에 걸쳐 찬양 드린 방식으로 하나님께 찬양 드리기 위해, 우리가 우리의 예배를 얼마만큼 개혁해야 하는지를 보여줍니다.

예배 음악은 이 시대의 교회에서 논쟁거리가 되는 주제입니다. 사람들이 강하게 느끼는 다른 음악의 종류들이 있습니다. 퍼포먼스 팀의 여부가 논의됩니다. 찬양 중 멀티미디어의 사용도 민감한 주제입니다. 드물기는 하지만, 하나님의 찬송가(시편)와 사람이 창작한 찬송가 사이에서 무엇을 불러야 하는지에 대한 논의도 있습니다. 현대의 교회 안에 소위 '예배 전쟁(worship wars)'이 가진 문제는 이 전쟁 속에 잘못된 '전사들(warriors)'이 출정한다는 점입니다. 이 예배 전쟁은 종종 전통적 예배주의자와 현대적 예배주의자들 사이의 대결로 이해됩니다. 그렇지만, 하나님은 그분의 예배에 있어서 시기하는 하나님 아니신가요? (이사야 42장 8절; 48장 11절) 하나님께서 우리에게 직접 주신 말씀과 찬송을 재발견하는 대신, 우리가 그저 좋아하는 방식으로 우리의 예배를 제한할 때 피해를 보는 것은 교회된 우리 자신과 우리의 자녀들입니다.

몇 년에 걸쳐서 저술한 이 책은 개인적인 개혁의 연습입니다. 이는 과거에 'CCM(현대교회음악)'을 사용하던 교회의 일원이었던 제가 '전통적인 찬송'을 부르는 교회를 걸쳐, 현재는 시편을 부르는 교단에 속한 저 자신의 개혁의 여정을 반영하기도 했습니다. 또한, 저는 예배 중에 시편만을 부르는 교단 안에서도, 우리가 이 고대 찬송의 흥미로운 표본을 부르며 우리가 하는 것이 무엇인지 재교육해야 할 필요성도 느꼈습니다.

제가 생각하기에 시편찬송은 필수적인 재발견입니다. 중보자적인 왕으로 시편을 부르신 우리 그리스도의 인격과 기도를 묵상하며, 그리스도 안에서 하나님과의 관계성을 강화하기 위해, 교회의 개혁을 위해, 그리고 궁극적으로는 하나님께 영광을 돌리기 위해 많은 이들이 시편 찬양에 참여하기를 소망합니다.

참고문헌

Allen, Leslie C. Psalms 101-150, revised WBC 21; Nashville: Thomas Nelson 2002.

Anderson, George W. 'Israel's Creed: Sung. nor Signed.' Scottish Journal of Theology 16 (1963), 277-85.

Athanasius, 'Letter to Marcellinus on the Interpretation of the Psalms.' Athanasius: The Life of Antony and Letter to Marcellinus. Robert C. Gregg, ed.; New York: Paulist Press, 1980, 102-8.

Augustine, 'Letter to Januarius.' Nicene and Post-Nicene fathers. (P. Schaff et al. eds.; Grand Rapids: Eerdmans, 1979), 1.1.303-16.

Augustine, Exposition on the Book of Psalms. Nicene and Post-Nicene Fathers. (P. Schaff et al, eds.; Grand Rapids Eerdmans, 1979), vol. 1.8.

Belcher, Richard P., Jr. The Messiah and the Psalms: Preaching Christ from all the Psalms. Fearn, Scotland: Christian Focus, 2006.

Bell, John L. Psalms of Patience, Protest and Praise. Glasgow: Wild Goose Publications 1993.

Binnie, William, A Pathway into the Psalter: their History, Teachings and Use. Birmingham: Solid Ground Christian Books, 2005

_____. 'Note Introductory to the Psalter: David, the Anointed of the God of Jacob, and the Sweet Psalmist of Israel.' Reformed Presbyterian Magazine (Sept. 2, 1867), 329-39.

Boice, James Montgomery. Psalms Volume 1: Psalms 1-41. Grand Rapids: Baker, 1994.

Bonhoeffer, Deitrich. Psalms: The Prayer Book of the Bible. J. H. Burtness, trans.; Minneapolis: Augsburg Press, 1970.

Braude, William G. The Midrash on the Psalms. New haven, Conn.: Yale University Press, 1959.

Braun, Roddy L. 1 Chronicle. WBC 14; Dallas: Word Books, 1986.

Broyles, Craig. Psalms. NlBC. Old Testament series 11; Peabody, Mass.: Hendrickson, 1999.

Brueggemann, Walter. The Message of the Psalms: A Theological Commentary. Minneapolis: Augsburg Publishing House, 1984.

_____. 'Bounded by Obedience and Praise: The Psalms as Canon.' JSOT 50 (1991), 63-92.

Beeke, Joel, and Anthony Selvaggio, eds. Sing a New Song. Grand Rapids: Reformation Heritage Books, 2010.

Bushell, Michael. Songs of Zion: A contemporary Case for Exclusive Psalmody. Pittsburgh: Crown & Covenant, 1999.

Calvin, John. Commentary on the Book of Isaiah. W. Pringle, trans. Grand Rapids: Baker, 2005.

_____. Commentary on the Book of Psalms. J. Anderson, trans.; Grand Rapids: Baker. 2005

Childs, Brevard S. An Introduction to the Old Testament as Scripture. Philadelphia: Fortress press, 1979.

Christensen, Duane L. 'Jashar, Book of.' ABD, 3.646-7.

Davidson, Robert. The Vitality of Worship: A Commentary on the Book of Psalms. Grand Rapids: Eerdmans, 1998.

Day, John N. Crying for Justice: What the Psalms Teach Us about Mercy and Vengeance in an Age of Terrorism. Grand Rapids: Kregel Publications, 2005.

_____. 'The Imprecatory Psalms and Christian Ethics'. PhD dissertation; Dallas Theological Seminary, 2001.

Day, John, ed. King and Messiah in Israel and the ancient Near East: Proceedings of the Oxford Old Testament Seminar. JSOTSup 270; Sheffield: Sheffield Academic Press, 1998.

DeClaisse-Walford, Nancy. Reading from the Beginning: The Shaping of the Hebrew Psalter. Macon, Ga.: Mercer University Press, 1997.

Diodorus, History. C. H. Oldfather, trans.; Loeb Classical Library; London: Heinemann, 1933.

Eaton, John H. Kingship and the Psalms. Sheffield: Sheffield Academic Press, 1986.

Grant, Jamie A. 'The Psalms and the King.' In, P. Johnston and D. Firth, Interpreting the Psalms, 101-18.

Gregory of Nyssa, Commentary on the Inscriptions of the Psalms. C. McCambley, trans.; Brookline, Mass.: Hellenic College Press, n.d.

Grogan, Geoffrey. Psalms: The Two Horizons Old Testament Commentary. Grand Rapids: Eerdmans, 2008.

Holladay, William L. The Psalms through Three Thousand Tears: Prayer-book of a Cloud of Witnesses. Minneapolis: Fortress Press, 1993.

Horder, W Garrett. The Hymn Lover: An Account of the Rise and Growth of English Hymnody. London: J. Curwen& Sons, 1889.

Hull, John M. 'From Experiential Educator to Nationalist Theologian: the Hymns of Isaac Watts.': Panorama: International Journal of Comparative Religious Education and Values, 14.1 (2002), 91-106.

Jeremias, Joachim. The Eucharistic Words of Jesus. N. Perrin, trans.; Philadelphia: Fortress Press, 1977.

Johnson, Aubrey R. Sacral Kingship in Ancient Israel. Cardiff: University of Wales Press, 1967.

Johnson, Terry L. ed. Leading in Worship: A Sourcebook for Presbyterian Students and Ministers Drawing Upon the Biblical and Historic Forms of the Reformed Tradition. Oak Ridge, Tenn.: Covenant Foundation, 1996.

Johnston, Philip S. and David G. Firth, eds. Interpreting the Psalms: Issues and Approaches. Leicester: Inter Varsity Press, 2005.

Jones, Paul S. Singing and Making Music: Issues in Church Music today.

Phillipsburg, NJ: P&R Books, 2006.

Keddie, John W. Sing the Lord's Song: Biblical Psalms in Worship. Pittsburgh: Crown & Covenant, 2003.

Keil, C.F., and Franz Delitzsch. Psalms. Commentary on the Old Testament vol. 5; Grand Rapids: Eerdmans, 1978.

Keller, Timothy. The Reason for God: Belief in an Age of Skepticism. New York: Dutton, 2008.

Kidner, Derek. Psalms 73-150. Tyndale Old Testament Commentaries; Downders Grove, Ill.: l Inter Varsity Press, 1975.

Lamb, John Alexander. The Psalms in Christian Worship. London: Faith Press, 1962.

Lefebvre, Michael. Torah-Meditation and the Psalms: The Invitation of Psalm 1.' In, P. Johnston and D. Firth, Interpreting the Psalms, 213-25.

_____. 'Torah-Meditation in Song: On Singing Right Hymns with Right Hymnody. Semper Reformanda 17.1 (Summer 2008), 24-35.

_____. 'What is the Shape of the Psalter?' Reformed Presbyterian Witness (Nov., 2004), 4-5, 15.

_____. 'The Hymns of Christ: The Old Testament Formation of the New Testament Hymnal.' In, J. Beeke and A. Selvaggio, Sing a New Song, (2010), 89-107.

Leaver, Robin A. 'The Hymn Explosion.' Christian History 31 (1991), 14-17.

Lewis, C.S. Reflections on the Psalms. London: Groffrey Bles, 1958,

_____. The Chronicles of Narnia. New York: Harper Collins, 2001.

Luther, Martin. Luther's Works. E. Bachmann & H. Lehmann, eds.; Minneapolis: Fortress Press, 1960.

Marini, Stephen A. Sacred Song in America: Religion, Music and Public Culture. Chicago: University of Illinois Press, 2003.

Mays, James Luther. Psalms. Interpretation; Louisville: John Knox Press, 1994.

_____. 'The Place of Torah-Psalms in the Psalter.' JBL 106(1987), 3-12.

McCann, J. Clinton. Psalms. In, The New Interpreter's Bible, Volume IV.
    Nashville: Abingdon Press (1996), 639-1287.

_____. 'The Psalms as Instruction.' Interpretation 46.2 (1992), 117-28.

McConville, J.G. Deuteronomy. Apollos OT Commentary 5; Downers
    Grove, Ill.: Inter Varsity Press, 2002.

Miller, Patrick D. 'Deitrich Bonhoeffer and the Palms.' Princeton Seminary
    Bulletin 15 (1994), 274-81. Reprinted in: Patrick Miller, Israelite
    Religion and biblical Theology: Collected Essays. New York:
    Continuum, 2000, 345-54.

_____. 'Deuteronomy and Psalms: Evoking a Biblical Conversation.' JBL
    118.1 (1999), 3-18.

Miller, Patrick. Deuteronomy. Louisville: John Knox press, 1990.

Mowinckel, Sigmund. The Psalms in Israel's Worship. D. Ap-Thomas,
    trans.: Oxford: Basil Blackwell, 1967

Neale John Mason, and Richard Frederick Littledale. A Commentary on the
    Psalms from Primitive and Mediaeval Writers and from the Vari-
    ous Office-books and Hymns of the Roman, Mozarabic, Ambro-
    sian, Gallican, Greek, Coptic, Armenian, and Syriac Rites. Lon-
    don: Joseph Masters, 1869.

Negoita, Anastasie, and Helmer Ringgren. 'hagah.' TDOT. 3.321-24.

Patrick, Millar. The Story of the Church's Song. Glasgow: The Scottish
    Churches Joint Committee on Youth, 1927.

Patterson, Richa rd D. 'Singing the New Song: An Examination of Psalms
    33, 96, 98, and 149.' Bibliotheca Sacra 164 (2007), 416-34.

Sarna, Nahum. On the Book of Psalms: Exploring the Prayer of Ancient
    Israel. New York: Schocken Books. 1993.

Seybold, Klaus. introducing the Psalms. R.G. Dunphy, trans.; Edinburgh:
    T&T Clark, 1990.

Symington, William. Messiah the Prince or, The Mediatorial Dominion of Jesus Christ. Edmonton, Alberta: Still Water Revival Books, 1990.

Terrien, Samuel. The Psalms: Strophe Structure and Theological Commentary. Grand Rapids: Eerdmans, 2003.

Van Pelt, and Walter Kaiser. 'hgh I.' NIDOTTE, 1.1006-8.

Watts, Isaac. The Psalms of Imitated in the Language of the New Testament and Applied to the Christian State and Worship. London: Printed for J. Clark, R. Ford, and R. Crutteaden, 1719.

Watts, James. Psalm and Story: Inset Hymns in Hebrew Narrative. JSOT-Sup 139; Sheffield: Sheffield Academic Press. 1992.

Westermann, Claus. Praise and Lament in the Psalms. R. Soulen and K. Crim, trans.: Atlanta John Knox Press, 1981.

Whybrary, Norman. Reading the Psalms as a Book. JSOTSup 22; Sheffield: Sheffield Academic Press, 1996.

Wilson, Gerald H. Application Commentary: Psalms. Grand Rapids: Zondervan, 2002.

_____. The Editing of the Hebrew Psalter. SBL Dissertation Series 76; Chlco, Calif.: Scholars Press, 1985.

Witvliet, John D. 'The Spirituality of the Psalter: Metrical Psalms In Liturgy and life in Calvin's Geneva.' Calvin Theological Journal 32 (1997), 273-97.

_____. The Biblical Psalms in Christian Worship: A Brief Introduction and Guide to Resources. The Calvin Institute of Christian Worship Liturgical Studies Series; Grand Rapids: Eerdmans, 2007.

Zuck, Roy B. 'The Problem of the Imprecatory Psalms.' ThM Thesis; Dallas Theological Seminary, 1957.

예수의 노래를 부르다: 다시 만나는 시편찬송

SINGING THE SONGS OF JESUS: Revisiting the Psalms

지은이	마이클 레페브레(Michael LeFebvre)
옮긴이	박재원, 양남식
펴낸이	양남식
펴낸곳	젠틀레인

교 정	서학량
디자인	곽민영

펴낸날	2018년 3월 30일

등 록	2017년 1월 12일(제2017-000006호)
주 소	경기도 고양시 덕양구 덕수천 1로 37 1815동 703호
연락처	gentlerain@rpkorea.org
	www.rpkorea.org

ISBN	979-11-963115-0-6 03230(종이책)

이 도서의 국립중앙도서관 출판예정도서목록(CIP)은 서지정보유통지원시스템 홈페이지(http://seoji.nl.go.kr)와 국가자료공동목록시스템(http://www.nl.go.kr/kolisnet)에서 이용하실 수 있습니다.
(CIP제어번호 : CIP2018004831)